KINZAI バリュー叢書

中国経済は なぜ崩壊しないのか

不動産市場と財政金融システム

柴田　聡
塩島　晋
［著］

一般社団法人 金融財政事情研究会

はじめに

本書は、中国経済が深刻な不動産市場の低迷に苦悩しながらも、なぜ経済の大混乱に陥ることなく、比較的安定した経済運営を維持できているのか、そのメカニズムを総合的に分析・解説したものだ。

多くのエコノミストは、世界中を襲ったコロナ禍が過ぎ去った2023年以降、中国経済は力強く回復すると期待していた。しかし、現在（執筆時点の2024年夏）の中国経済は、不動産市場の低迷、大手デベロッパーのデフォルト、地方債務問題の懸念増加、米中対立の深刻化等、多くの試練に直面し、大変厳しい状況にある。

中国の政府関係者や著名エコノミストたちも、中国経済の目下の最大課題は、不動産市場低迷と地方債務問題であると指摘している。中国経済にとって、これらの問題が大きな重石になっていることはまちがいない。ただ、中国側は、一定の時間はかかるとはしつつも、問題解決には自信をみせている。

他方、日本国内では、中国経済は「不動産バブル崩壊」で瀕死の状態にあり、解決不可能な深刻な問題を数多く抱え、既に「崩壊寸前」ではないか、との極端な見方も広がっている。こうした「中国経済崩壊論」は、ネット空間のみならず、経済専門誌等でも毎日見かけるほど巷にあふれている。

中国経済は不動産セクターの比重が非常に大きく、不動産市場と財政金融システムが相互依存的に複雑に絡み合った経済構造を有しており、問題の全体像を理解することは非常に難しい。

中国経済の現状を正確に理解するためには、中国の経済データ、政治経済構造、財政金融システム、最新の現地情報等の総合的な解析が不可欠だ。

また、中国経済への見方は、評者の政治的立場や先入観、中国の政治経済体制に関する理解度等により、同じ現象でも評価がまったく異なることも多い。

一体何が本当なのか――。

非常に関心の高いテーマであるにもかかわらず、多くの経済関係者は満足のいく回答を得られないでいる。エビデンスに基づく納得感のある解説を聞きたいというニーズは非常に大きい。

中国の経済や財政金融に関する専門家として、問題の中心にある中国の不動産市場と、それを支える経済構造や財政金融システムとの関係について、日本国内にわかりやすく解説する取組みが必要だ

と感じた。

このような問題意識から、北京の日本大使館勤務（２００８～２０１２年）以降、長きにわたり中国経済をウォッチしてきた柴田聡（金融庁研究参事）と、金融庁国際室で中国金融専門調査員を３年間務めた塩島晋（野村資本市場研究所副主任研究員）は、共同で分析・研究を続けてきた。その研究成果をまとめたのが本書である。

「**中国経済をバイアスなく客観的にみる**」。筆者らが一貫して大切にしてきた分析スタンスであり、本書においても徹底した立場となっている。

なぜなら、中国経済の問題の所在とその構造を正確に認識することは、日本の国益を追求し、日中経済関係の発展や日中金融協力を健全かつ的確に推進していくうえで、すべての基礎となるからだ。

本書には、中国の政治経済や金融等の専門用語も数多く出てくるが、一般の読者の方々にも、なるべくわかりやすい表現や解説に心を配ったつもりである。

専門書としてではなく、中国経済の全体像を把握するための参考書として、多くの方に手にとっていただけたら幸いである。

なお、本書の内容は、すべて筆者らの個人的見解であり、所属先の公式見解を示すものではないことをご留意いただきたい。

2024年9月吉日

柴田　聡
塩島　晋

目次

第2章

中国の「不動産バブル崩壊」は本当か

第3章

中国の地方債務問題

第4章　中国の不動産金融

第5章　中国の金融システム《マクロ編》

第6章　中国の金融システム《地方金融編》

終章

中国経済が崩壊しない理由

〈本書の留意事項〉

① 本書に含まれる情報に関しては、筆者が信頼できると判断した情報をもとに作成したものですが、その正確性・完全性を保証するものではありません。

② わかりやすさを優先したために、一部、省略・簡略化した表現を用いています。なお、1元＝20円で円換算しています。統計等をもとにした数値は、表章単位未満を含んだ実数により計算している場合、表章単位で計算する場合と一致しないことがあります。

③ 本書に記載されている内容は、執筆当時のものです。

④ 意見にあたる部分はあくまで筆者の個人的見解であり、筆者が所属する組織の公式見解を示すものではありません。

第1章

中国不動産市場の低迷と混乱

——大手デベロッパーの経営危機

中国のGDPに占める不動産関連の割合は約3割（注：日本は約1割）といわれ、中国経済が不動産に大きく依存していることは明らかである。不動産市場の低迷は、すなわち中国経済の低迷につながる。

経済大国となった中国の不動産市場の低迷は、日本国内はもちろん、世界中で大きな関心事となっている。

こうした報道は、恒大集団（Evergrande Group）や碧桂園（Country Garden HD）等の大手デベロッパーのデフォルトや、中国各所の建設が中断された工事現場の映像等を用いて語られることが多い。

実は2015年前後にも、中国の「不動産バブル崩壊」が盛んに報道されたことがあった。ニュース映像では、内モンゴル自治区オルドスなどの「鬼城」（ゴーストタウン）の映像がよく使用された。当時、苦境に陥った地域が存在したのは事実だが、その後、中国の不動産市場はさらに大きな成長を遂げた。

現在の中国不動産市場の低迷をどう評価したらよいのだろうか？　問題はどこまで深刻なのか？重要な問題だからこそ、エビデンスに基づき、バイアスなく客観的に評価する必要があろう。

1 「保交楼」政策——買ったはずの家が引渡しされない？

中国の不動産問題を考えるうえでは、日本と中国で、住宅販売における代金支払いと物件引渡しのタイミングがまったく異なることを十分理解する必要がある（図表1－1）。

まず日本の場合は、住宅の売買契約を行った後は、住宅の完成を待って、物件引渡しと同時に代金支払いが行われる仕組みだ。いいかえれば、住宅の代金を支払ったにもかかわらず、物件自体が引渡しされないという事態は発生しえない。

他方で中国の場合は、住宅の売買契約後、物件引渡し前に代金全額を入金するのが慣例化していた。つまり、住宅の代金を全額支払ったにもかかわらず、デベロッパー側の事情で物件が完成せず、引渡しもされないという事態がもともと発生しうる仕組みになっていた。

消費者保護の観点からは明らかに問題がある仕組みだが、中国経済の高度成長が続き、住宅需要が旺盛だった時期には、問題が顕在化していなかった。住宅は完全な売り手市場だったうえ、デベロッパーの倒産リスクも小さかったからだ。むしろ、デベロッパーは顧客から受け取った代金を、次のプロジェクトの資金に充てることができるため、効率的な住宅供給を可能にする効果もあった。

しかし、中国の不動産市場が低迷するなかで、この仕組みの欠陥が露呈し、大きな社会問題に発展

■図表1－1　住宅販売と代金支払いの日中比較（予約販売の場合）

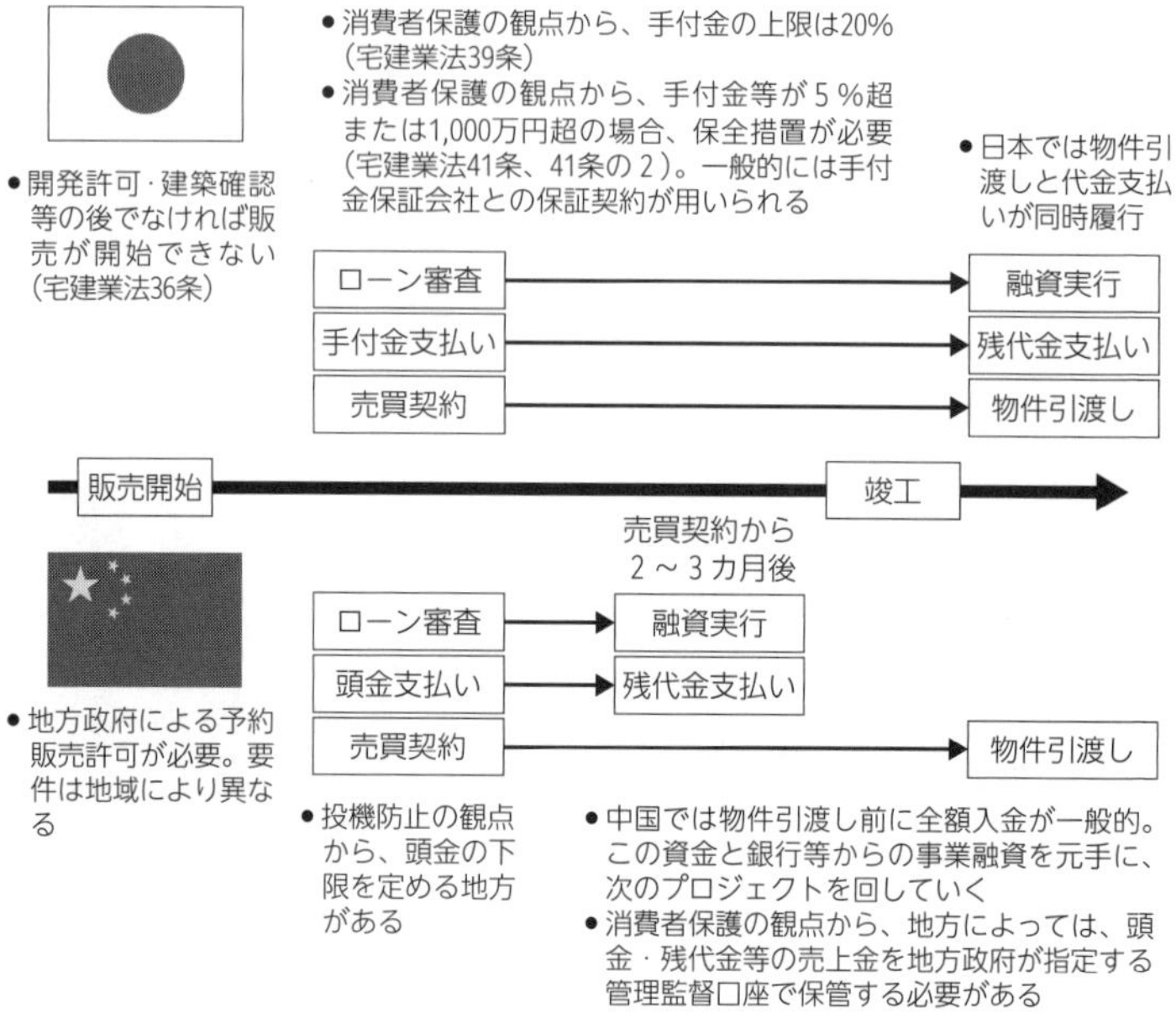

出典：各種報道より作成

した。住宅の完成・引渡しの見込みがないのに、住宅ローン返済を求められる不条理に、ついに中国人民の怒りは爆発したのである。2022年6月頃から、中国全土に「住宅ローン返済ボイコット運動」が広がった。統治や秩序維持にも悪影響を与えかねない事態に、党中央や中央政府の対応は素早かった。

その対策こそが「保交楼」政策である。すなわち、政府が「契約住宅の完成・引渡し義務」をデベロッパーに課すことを政治的にコミットした。国が住宅の引渡しを保証したことで、住宅契約者の不安が大きく軽減され、住宅ローン返済拒否の動きも急速に鎮まった。

コロナ禍のロックダウン政策の急転換の際も、人民の怒りが全土に広がり、白い紙を掲げ無言で抵抗する「白紙運動」が展開された。統治維持にリスクが生じた場合には、中国共産党は極めて柔軟かつ現実的に対応するのが常である。


「保交楼」政策によって、住宅購入者には安堵が広がった一方、たとえジリ貧の状態であっても、デベロッパーは住宅の完成・引渡しを完了するまでは経営を維持する必要が生じた。そのためには、誰かが資金繰りをつけなくてはいけない。


ただ、経営危機に陥ったデベロッパーの経営リスクを負担する者が本来いるはずはない。しかし、誰かが支えないと、デベロッパーは経営破綻することとなり、人民との「保交楼」の約束が守れない。

本来解けないはずの連立方程式が、中国ではなぜ成り立つのか。

中国では、党・中央政府が全体調整しつつ、地方政府や国有銀行等にも必要な協力をさせることで、経済全体の混乱回避を図っているのが実態だ（詳細は後述）。

逆にいえば、党・中央政府は、不動産市場の低迷、デベロッパーの経営危機、地方債務問題、金融機関の不良債権問題など、さまざまな悩ましい経済課題を抱えるなかにあっても、「保交楼」政策を最重視しているといえる。なぜなら、契約住宅の完成・引渡しの実現は、人民の不満爆発の回避に不可欠であり、統治維持の観点からは最優先せざるをえないからだ。

中国の不動産問題を理解するうえでは、当面は「保交楼」政策の完了が最重視されていることをよく認識する必要がある。

2 大手デベロッパーの窮状

中国の不動産危機を最初に強く印象づけた事件は、2021年以降に発生した、恒大集団や碧桂園等の中国を代表する大手住宅デベロッパーの経営危機問題だろう。そこで、まずはこの問題から考察を始めたい。

(1) 恒大集団

恒大集団は、創業者の許家印氏が1996年に広東省広州市で設立し、その後中国全土に事業を拡大して、急成長を遂げた民間デベロッパーだ。2009年には香港証券取引所に株式を上場し、中国全土120以上の都市で都市開発プロジェクトを展開。2016年には不動産販売額で世界一の不動産企業となり、フォーチュン500にもランクインをした。2020年時点でも、フォーチュン500中152位に位置づけられ、中国最大規模の不動産企業となった。

■ 図表1－2　恒大集団の株価推移

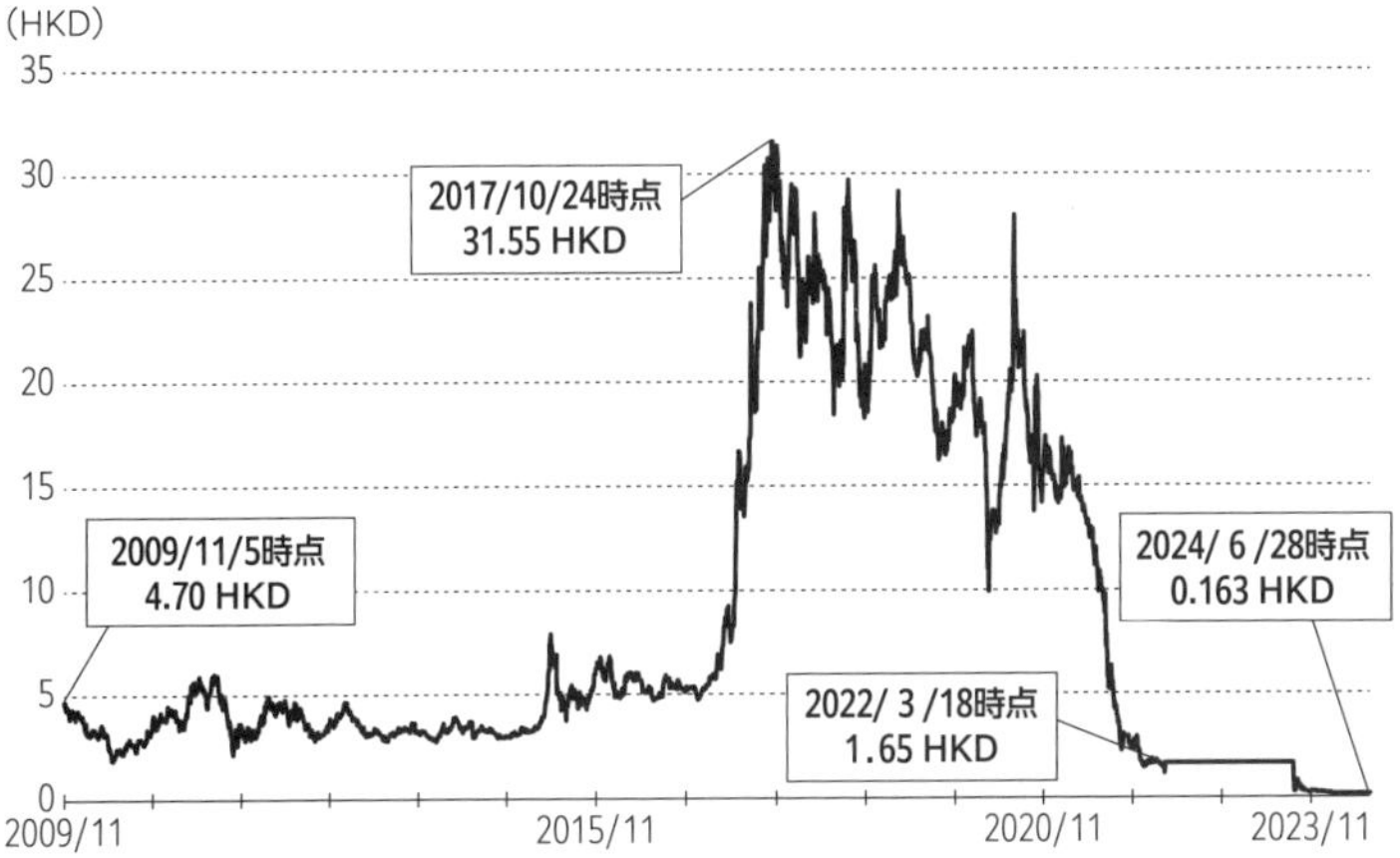

（注）　2009年11月上場
出典：Windより作成

また、その事業分野は中核の不動産分野だけにとどまらず、電気自動車（ＥＶ）、ＩＴ、飲料、テーマパーク、サッカークラブ等、さまざまな事業分野に進出する積極的な多角化経営で知られ、財務的には数十兆円規模の巨額の債務を抱える企業としても有名であった。

恒大集団の経営危機が顕在化したのは、コロナ禍の２０２１年９月であった。財務の悪化が明らかになると、株価はさらに低迷（図表1－2）。同年12月には、米ドル建て債のデフォルトに陥り、決算情報の発表もできなくなったため、２０２２年３月には香港市場で株式売買停止措置がとられた（その後、決算を発表し、２０２３年８月から取引を再開）。

恒大集団は、「中国不動産バブル崩壊」の象徴的な存在となった。

デフォルト前の恒大集団のバランスシートをみると、総資産は、ピーク時（２０２０年）で約２・３兆元（約46兆円）に達している。同時に、２兆元（約40兆円）近い巨額の負債も有していた。２０２１年以降は大幅な赤字等により債務超過に陥り、一時は負債が約２・６兆元（約52兆円）にまで拡大した。直近（２０２４年３月末）の財務状況をみても、純資産は▲６４４２億元（約13兆円）と大幅な債務超過状態にある。

２０２３年に入ると、恒大集団の債務問題は国際的問題に発展していく。同年８月17日、恒大集団はアメリカで連邦破産法15条（日本の民事再生法に相当）の適用を申請。２０２３年９月末には元経営者が拘束され、経営責任追及の動きも加速している。さらに、２０２４年１月には、香港高等法院から会社清算命令が出され、株式は再び売買停止となった（なお、恒大集団は、会社清算命令によって、債務の再編が「これまでの方式では進展しないと予想される」として、アメリカでの破産法申請を２０２４年３月に取り下げた）。

恒大集団の資産の９割以上は中国本土（大陸）に所在する。資産全体のうち海外資産は１割弱、香港の資産は全体の７％程度にすぎない。香港の司法判断が、中国本土所在の資産の取扱いについて、どこまで実効性をもつかはまったく未知数であるといわざるをえない。

今後、恒大集団はどうなっていくのだろうか――。少々大胆な個人的推測になるが、中国当局の思考経路としては、特に次の要素を重視すると推察する。

・中国政府による「保交楼」政策の徹底
・信用不安や経済混乱の回避

こうした前提に立つと、当面の基本シナリオは次のような方向性が考えられる。

中国当局は、「保交楼」政策のもと、まずは既契約分の住宅の完成・引渡しを完了させることを最優先にするだろう。それまでの間は、在庫不動産の処分促進、債務リスケ、地方政府や国有銀行からの資金繰り支援等により、当面の会社の存続自体は図る可能性が高い。そのうえで、同時並行的に金融整理や経営者の責任追及も段階的に進め、大きな経済的・社会的混乱が生じないよう、時間をかけて円滑な市場退出を図っていくのではないか。

(2) 碧桂園

碧桂園は、1992年に広東省佛山市で会社を設立し、「有名学校との提携を売りにした物件の一体開発」「5つ星ホテル並みのサービスを提供する高級マンション」など、ユニークなビジネスモデルで発展してきた不動産企業である。

当初は、地元の佛山市や広州市の事業に集中していたが、2006年頃から中国全土に事業展開をはじめ、2007年に香港証券取引所上場を果たす。2011年にはマレーシアにも海外進出し、2016年には販売額が3000億元（約6兆円）を突破。2022年にはフォーチュン500で

■ 図表1－3　碧桂園の株価推移

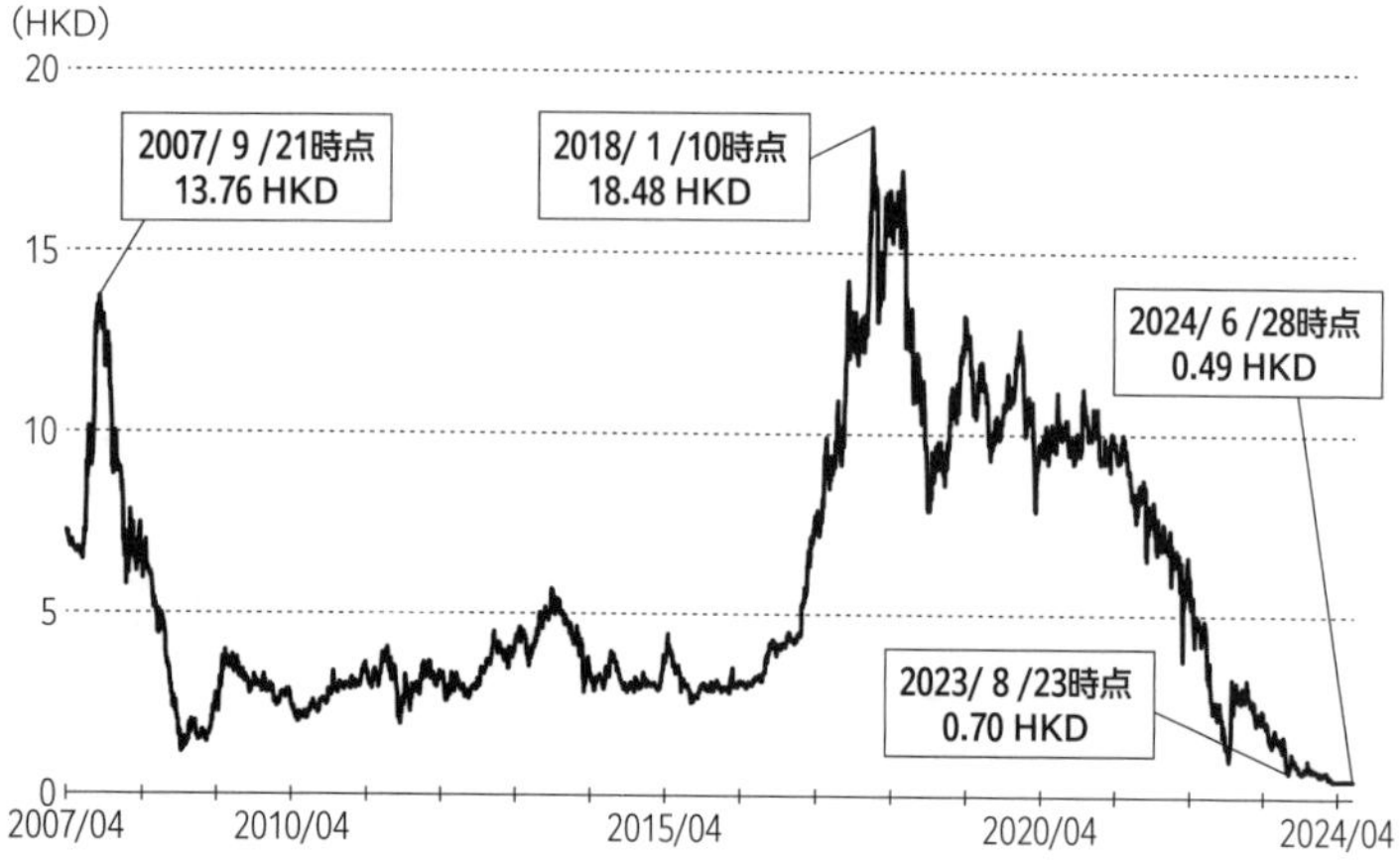

（注）　2007年４月上場
出典：Windより作成

１３８位にランクインしていた。

同社は、中小都市での住宅開発を得意とし、全体の約６割が中小都市での販売だという。恒大集団よりも開発都市数は多く、中国全土１４００以上の都市で５００万戸以上の住宅を供給している。２０２２年には、経営危機に陥った恒大集団を抜いて、年間不動産販売額トップに躍り出た。

しかし、デベロッパー最大手になったのも束の間、２０２３年８月には、米ドル建て社債の利払い不履行に陥った。利払い額はわずか２２５０万ドル（約32億円）。資金繰りに窮している実態が明らかになった。その後、第三者割当増資を急遽実施し、９月５日に利払いを完了。期限から１カ月以内の支払い完了で、何とか「デフォルト」認定は回避したものの、株価や格付けは低迷している（図表1－3）。

同年9月以降に償還期限を迎える人民元建て債券については、債務再編交渉で償還を3年間延長で合意して一息ついたが、その後も苦しい資金繰りが続いている。

碧桂園の資産規模は、ピーク時（2020年）で約2・0兆元（約40兆円）。負債も約1・75兆元（約35兆円）。恒大集団に準じるバランスシート規模だが、直近（2024年3月末）でも純資産額は

■ 図表1－4　中国における不動産販売額上位30社（2023年1～8月）

順位	企業名	販売額（億元）	企業形態	契約負債（億元）
1	保利発展	2,990	国有（中央）	4,569
2	万科企業	2,462	混合所有制	4,295
3	中海地産	2,114	国有（中央）	1,342
4	華潤置地	2,077	国有（中央）	3,190
5	招商蛇口	2,060	国有（中央）	1,736
6	碧桂園	1,889	民営	6,035
7	龍湖集団	1,231	民営	1,560
8	建発不動産	1,186	国有（中央）	2,360
9	緑城中国	1,179	混合所有制	1,705
10	濱江集団	1,133	民営	1,312
11	金地集団	1,088	混合所有制	909
12	越秀地産	1,017	国有（中央）	931
13	中国金茂	974	国有（中央）	869
14	華発地産	898	国有（中央）	990
15	緑地HD	743	国有（地方）	3,242
16	中国鉄建	647	国有（中央）	1,641
17	融創中国	614	民営	2,926
18	新城HD	542	民営	1,567
19	旭輝集団	511	民営	903
20	美的置業	490	民営	692
21	中交不動産	489	国有（中央）	337
22	卓越集団	467	民営	213
23	恒大集団	457	民営	6,039
24	中国中鉄	432	国有（中央）	1,462
25	保利置業	427	国有（中央）	480
26	聯発集団	424	国有（地方）	422
27	首開集団	410	国有（地方）	437
28	遠洋集団	401	混合所有制	353
29	電建地産	366	国有（中央）	442
30	国貿地産	363	国有（地方）	291

（注）国有（中央）：国有（中央政府）企業
国有（地方）：国有（地方政府）企業
民営：民営企業
混合所有制：国有資本・民間資本混合企業
出典：各種報道より作成

プラスを維持しており、債務超過状態ではない。この点は、恒大集団と大きく異なっている。また、碧桂園は、住宅の引渡しが済んでいない顧客への「契約負債」の大きさでも知られる（図表1－4）。

債務総額のうち、契約負債が約半分を占めている。このためか、碧桂園は、「保交楼」政策に特に積極的に対応しているといわれている。2022年も、恒大集団の2倍以上となる70万軒もの住宅引渡しを達成。米ドル建て社債の利払いができなかった背景の1つには、利払いよりも建設資金を優先した事情もあるようだ。

今後の碧桂園を巡る動きについては、あくまで筆者の推測ではあるが、中国当局としては、「保交楼」政策への積極的な対応を最優先させるだろう。他方で、恒大集団とは異なり、碧桂園の財務状態は比較的良好であることから、債務調整の自由度や経営再建の可能性は恒大集団より高いといえよう。

③ 今後の展開はどうなるか——中国当局は「保交楼」を最優先

恒大集団や碧桂園は話題性も大きく、世界中に「中国不動産バブル崩壊」のイメージを印象づけたが、中下位のデベロッパーも苦境が続いている。たとえば、2023年9月には、恒大集団に続き、準大手の民営企業デベロッパー「融創中国」（Sunac China HD）がアメリカで破産法申請を行った。他にも、経営危機が囁かれるデベロッパーが複数存在している。肝心の不動産市場も低調のままだ。

全体としては、むしろ拡大悪化の様相を呈してきており、現状では改善への道筋はみえていない。果たして、今後、主要デベロッパーの相次ぐ経営破綻など、深刻な経済危機に発展していくのだろうか。

筆者は、日本を含む海外と中国現地では、風景のみえ方が異なる可能性があると考えている。逆説的ではあるが、中国当局は、デベロッパーの経営危機問題による社会的混乱を最小限に押さえ込むことに成功しているともいえるからだ。

恒大集団の経営危機が顕在化した2020年以降、準大手や中堅以下のデベロッパーも含め、不動産企業の整理・淘汰、社債のデフォルトが相当規模で発生してきていることはあまり知られていない。

MUFGバンク（中国）有限公司のレポートによれば、中国不動産業の国内社債残高（約1・9兆元：約38兆円）の約22％がデフォルトしている（2023年8月末時点）という。

具体的には、恒大集団（570億元：約1兆1400億円）、融創（167億元：約3340億円）、世茂（147億元：約2940億円）、富力（137億元：約2740億円）、融信（186億元：約3720億円）、花様年（64億元：約1280億円）、華夏幸福（53億元：約1060億円）、正栄（50億元：約1000億円）、奥園（45億元：約900億円）など、多くの大型デフォルトがこれまで発生してきた。

これだけ大量のデフォルトが発生していれば、既に金融危機が顕在化していてもよさそうなものである。しかし、デベロッパーの資金繰り問題自体は根強く残りつつも、大規模な社会的混乱には至っていない。

それはなぜか。筆者は、中国を長くみてきた経験から、中国当局の思考経路は次のようなものではないかと推察する。

- 中国当局は、社会的混乱を回避し、統治を維持安定させることを最重視
- 一部の債権者の利益よりも、住宅を購入した圧倒的多数の人民の利益を優先
- 当面は、まず「保交楼」政策の徹底を最優先
- 不動産企業は、債務履行よりも「保交楼」を優先
- 地方政府等による不動産企業への資金繰り支援も、同様の考え方で実施
- 債務の大宗を占める国内債務は、なるべくリスケや債務調整等で対応
- 海外債権についても、国内対応能力を超える場合には海外の破産法制等も積極的に活用

こうした思考経路で中国の動きをみると、これまでの流れが一貫性をもって説明できるように思う。

恒大集団については、あまりに債務規模が大きすぎて、国内対応能力の限界を超えた部分があり、アメリカの破産法制を活用することが、恒大集団の事業継続に加え、中国国内的に「保交楼」を完遂

するうえでも有利との判断があったのではないか。そして、恒大集団のケーススタディも踏まえ、「融創中国」等の準大手の対外債務対応についても、必要があれば同様の手法の活用を図っていくと推察する。

今後も、中国不動産企業による債務不履行は一定程度発生するだろうが、当面は、

・国内債務については、中国当局も関与したリスケ等の債務調整
・対外債務については、資金調達支援や海外破産法制の活用も組み合わせた総合的対応

により、債権者の混乱を最小化しつつ、「保交楼」優先で対応していくのが基本的方向性と考えている。

4 デベロッパー業界でも「国進民退」が進行

中国の主要な不動産開発企業は、国有企業系デベロッパー（地方政府系も含む）と民営企業デベロッパー（非国有企業系）に大別される。

中央政府が出資する国有企業系デベロッパーでは、保利発展、中海地産、華潤置地、招商蛇口、越秀地産、建発不動産、中国鉄建などが代表的である。また、デベロッパー業界第2位の万科企業

（China Vanke）は、２０１７年に深圳市地鉄集団が最大株主になり、国有資本と民間資本を混合する「混合所有制企業」となり、実質的には国有企業系に近い性格がある。こうした混合所有制企業も増加している。

国有企業系デベロッパーは、不動産市場低迷の影響を当然受けてはいるものの、引き続き安定的な経営が維持されており、最近では土地使用権の取得においても中心的な役割を果たしているのみならず、同じく国有系の金融機関からの資金調達でも優位な立場を享受できている。

他方、非国有企業系の民営企業デベロッパーの代表格が、前述した話題の恒大集団と碧桂園である。いずれも、フォーチュン５００に過去ランクインした実績をもち、中国デベロッパー業界で資産規模トップ３に入るほどの中国を代表する不動産開発企業であった。このようなトップ企業2社が経営危機に陥っているところに、中国不動産市場の苦境が象徴されている。

ちなみに、他の主要な民営企業デベロッパーとしては、龍湖集団、濱江集団、融創中国（アメリカで破産法申請）、新城ＨＤ、旭輝集団、美的置業、卓越集団、世茂集団、万達集団（Wonda Group）等がある。

克而瑞研究中心（ＣＲＩＣ）によれば、中国の住宅販売市場において、２０２３年１～8月の販売ランキングトップ１００社のうち、国有企業が49社（万科企業を含む）で、民営企業が51社となっている。中国政府発表の全国住宅販売総額は５・３兆元（約１０６兆円）、ＣＲＩＣ販売ランキングトッ

■ 図表1－5　中国の住宅販売トップ100社の全国販売額（4.2兆元）に占める国有企業と民営企業のシェア（2023年1～8月）

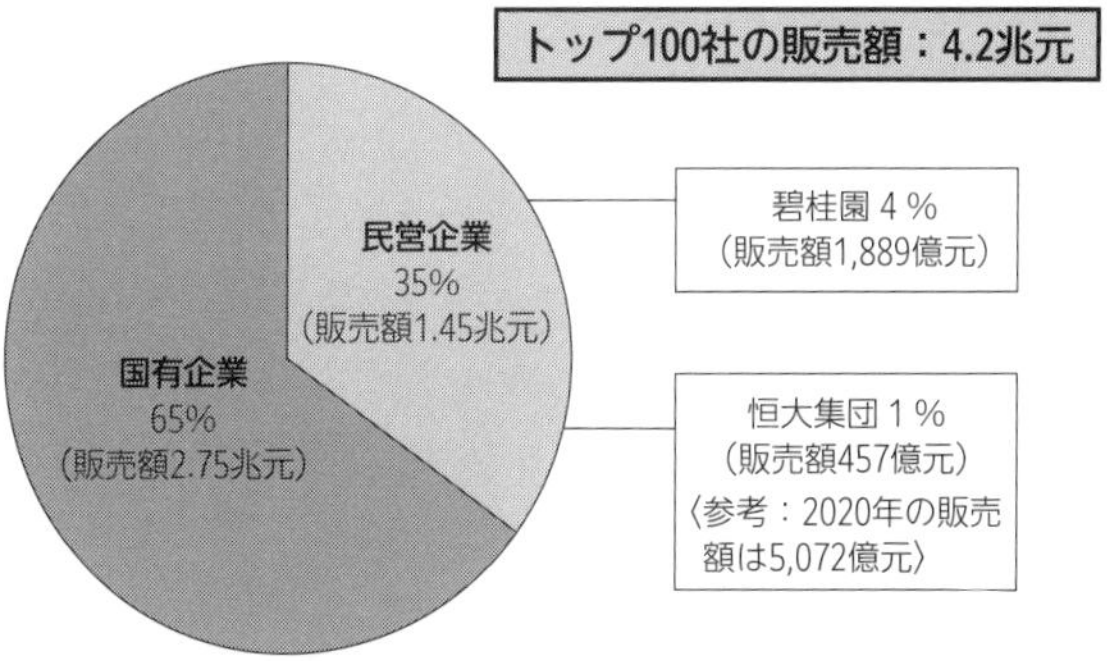

出典：各種報道より作成

プ100社の全国販売総額は4・2兆元（約84兆円）で、その内訳をみると、国有企業が65％、民営企業が35％となっている。

中国の住宅供給において、民営企業デベロッパーが果たす役割が減少し、国有企業系デベロッパーの役割が増加していることがわかる（図表1－5）。

こうした流れのなかで、**デベロッパー業界においても、「国進民退」、すなわち民営企業の後退と国有企業系の拡大がさらに進行すると見込まれる。**

中国の不動産市場が低迷するなかで、国有企業系デベロッパーは、

- 住宅引渡しの確実性（住宅購入者からの信頼）
- 政府の信用を背景とした経営や財務の安定性
- 有利な資金繰りや低廉な資金調達コスト

等を武器にできるため、経営環境の厳しい民営企業デベロッパーに対して強い競争力をもつだろう。

この結果、中央政府による不動産市場活性化策や景気刺激策、財政難に苦しむ地方政府や地方融資平台（Local Government Financing Vehicle：ＬＧＦＶ。詳細は後述）等による開発推進について、国有企業系デベロッパーへの期待と圧力は一層強まることだろう。

１９８０年代以降、不動産開発は中国経済にとって成長エンジンそのものであった。コロナ禍が去り、本格的に経済活動が再開すると思いきや、不動産市場の低迷が最大の障害になっている。

中国政府は、「保交楼」政策の期限を２０２４年中としているが、膨大な在庫量と引渡しペースを考えると、調整には少なくとも2～3年が必要と見込まれる。当面、現在の不動産市場の低迷は続くとみられ、デベロッパー業界の「国進民退」はさらに進んでいくとみられる。

第2章

中国の「不動産バブル崩壊」は本当か

国土が広大で、人口が分散している中国の不動産市場全体の動向を把握するのはなかなか難しい。２０１５年前後の「ゴーストタウン」騒動がそうであったように、報道では、特に悲惨な一部地域の状況が強調されやすい。中国経済をバイアスなく客観的に評価するためには、経済データ等に基づいて適切に判断する必要がある。

1 中国の不動産統計——主要70都市を3区分

中国の不動産統計は、中国全土の主要70都市を1～3線（TierⅠ～Ⅲ）に分類している。いかにも中国らしい序列ではあるが、中国の不動産動向を把握するうえでは押さえておきたいポイントだ。

ちなみに、国家統計局が定める不動産統計上の都市区分は次のようになっている。

- 1線（TierⅠ）：4都市（北京、上海、広州、深圳）
- 2線（TierⅡ）：31都市（成都、重慶、天津、杭州、武漢、大連、ハルピン、ウルムチ、蘭州など）
- 3線（TierⅢ）：35都市（丹東、徐州、無錫、温州、洛陽、桂林、三亜、南通、大理など）

多くの日本人にとって、１線都市は知っていても、２線都市以下は知らない場合も多いのではないか。お恥ずかしながら、中国駐在経験のある筆者らでも、3線都市になるとよく知らない都市も含まれる。

2 中国の不動産下落は過去にも発生
——チャイナショック時との比較

図表2-1で、2011年以降の中国住宅不動産価格指数の推移をみてみよう。

実は、**中国の住宅不動産価格は一本調子で上昇してきたわけではない。**高度経済成長を驀進してきた中国も、2011年以降は、住宅不動産価格の下落を何度か経験している。

日本国内では、日本のバブル崩壊と重ね合わせるイメージがあるが、この点は少々事情が異なる。

具体的には、2011年以降でみても、4回のマイナス伸び率を経験している。

①2012年
②2014年後半〜2016年前半
③2018年前半（1線都市のみ）
④2021年〜

■図表2－1　都市規模別住宅不動産価格指数の長期推移

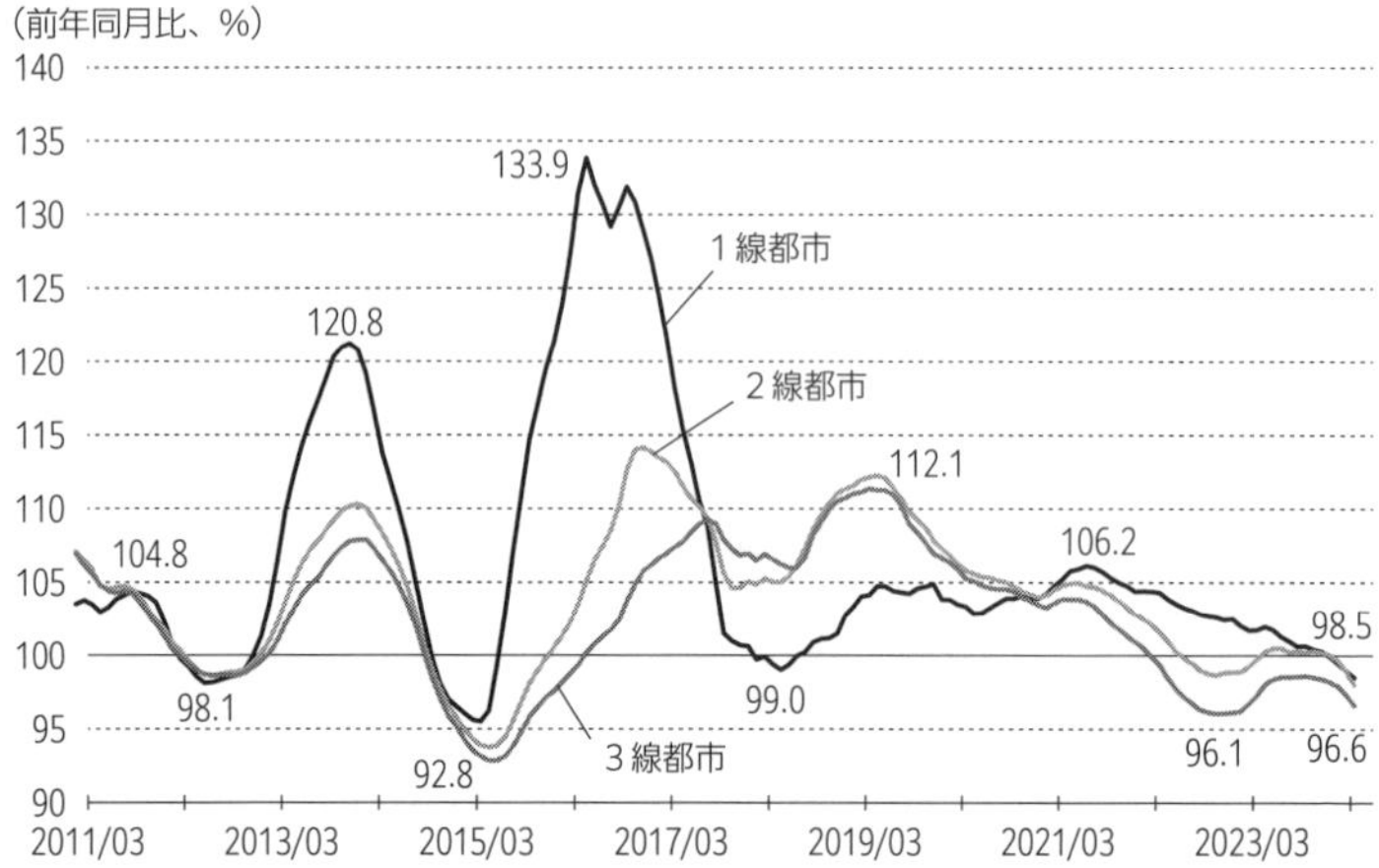

出典：CEICより作成

日本人の記憶に比較的新しいのは、2015年前後の住宅価格下落だろう。ちょうど、中国の鬼城（ゴーストタウン）が日本でも有名になった頃だ。特に2015年前半には、1～3線都市のいずれも▲5％前後（前年同月比）の大幅なマイナスを記録した。この落込みは、2023年のマイナス幅よりも深く、2015年8月には「チャイナショック」が発生している。

ご記憶の方もいるだろうが、2015年前半には、中国の株価急落や資本流出が進み、人民元安が進行した。同年8月11日には、中国人民銀行は、実質的な人民元切下げに踏み切っている。また、株式市場も大混乱し、株式新規公開（IPO）停止や売却制限などの強硬措置も発動されている。

今回の2021年からの不動産市場低迷は、金融面ではチャイナショック時ほど追い込まれてては

■ 図表２－２　中国における2015年（チャイナショック時）と2023年との比較

（単位：%）

		2015年		2023年
住宅不動産価格（対前年同月比）	全体	94.0	<	99.4
	１線都市	95.6	<	100.7
	３線都市	93.5	<	98.6
経済成長率		6.9	>	4.9
消費		1.4	<	2.8
投資		10.0	>	3.1
うち公共投資		17.2	>	6.2
うち公共投資不動産開発		1.0	>	-9.1
純輸出		-1.8	<	0.8
鉱工業生産		5.9	>	4.5

出典：国家統計局より作成

いない。他方、２０１５年の経済成長率は６・９％で、当時は25年ぶりの低水準といわれたが、２０２３年（４・９％）よりかなり高い（図表２－２）。２０１５年時は、特に、公共投資は２ケタの伸びで、不動産開発投資もプラスを維持していた。

つまり、**２０２３年時点の状況は、金融システムは安定しつつも、不動産市場とマクロ経済（特に投資）が非常に悪い。２０１５年当時との最大の違いは、不動産市場低迷が起点となって、投資や財政にも悪影響を及ぼしていることだ。**

3 デベロッパーの四重苦
——売行低迷、新規着工減、完成在庫増、保交楼

中国政府関係者やエコノミストからは、「不動産分野の需要不足」というフレーズがよく出てくる。1線都市はまだよいが、特に、2～3線都市の購入意欲不足がよく指摘される。長年にわたり中国経済をウォッチしてきた筆者からすると、少々違和感のある言葉だ。なぜなら、中国における不動産需要は、かつては政策によってメイキングできる可変変数だったからだ。

中国は、計画経済制度のもとで、不動産投資を政策変数として調節してきた長い歴史がある。市場の実勢だから仕方ない、といった受け身の表現は、およそ中国らしくない印象を受ける。少なくともこれまでは、不動産への需要は所与のものではなく、積極的に喚起するものだった。

現在の中国不動産市場の需要不足は、どのように評価したらよいのだろうか。

図表2-3で住宅販売額と販売面積の推移（2010年～2024年3月）をみてみよう。コロナ禍で行動制限のあった2022年は年間を通じて、販売額も販売面積も前年同月比▲20～35％の底ばい。同年12月にゼロコロナ政策が突如解除され、販売額も販売面積も一気に急回復するかと思われたが、2024年3月現在、販売額・販売面積はいまだに前年同月比マイナスのままだ。つまり、コロ

■ 図表2－3　中国における住宅販売額と販売面積の推移

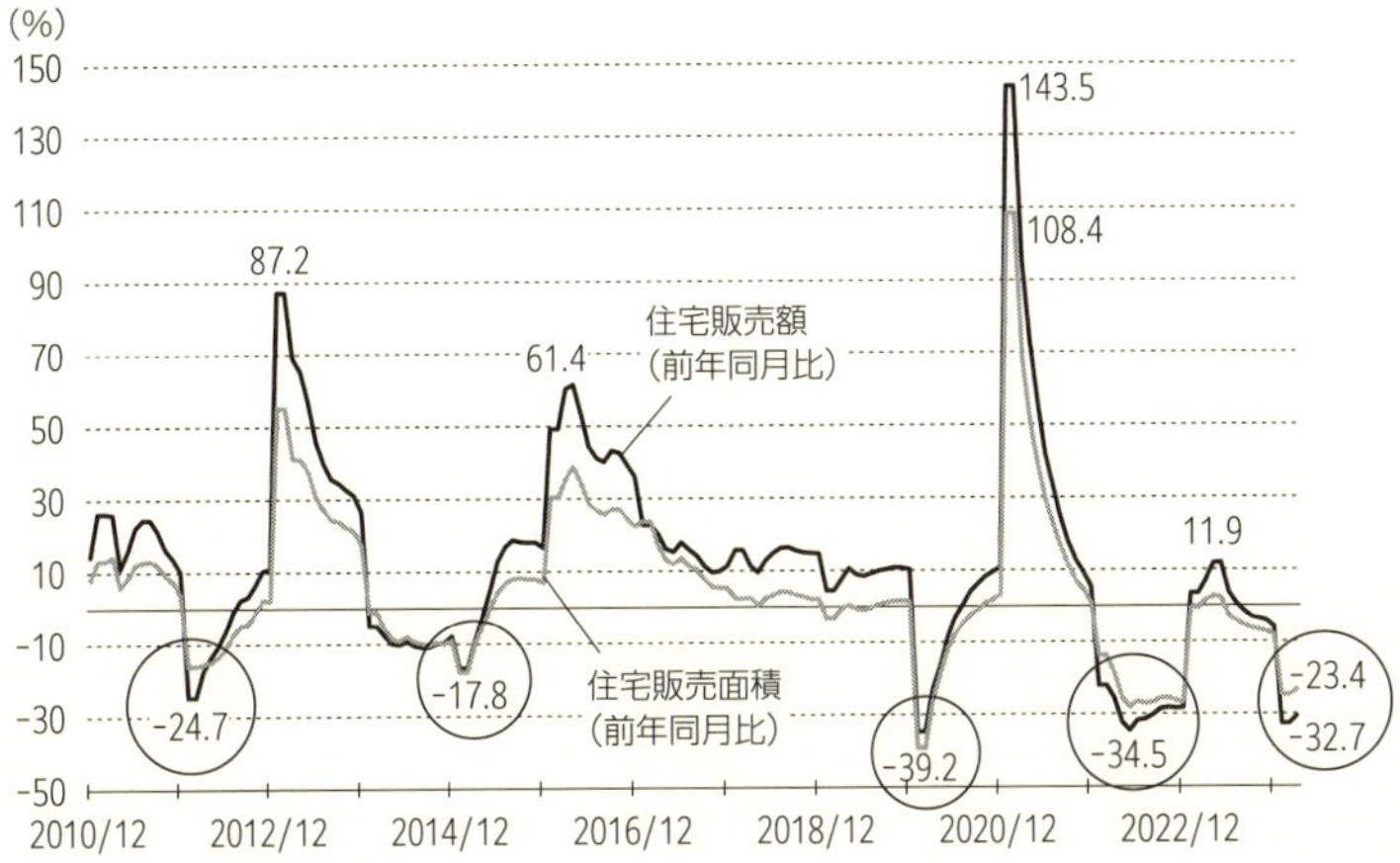

出典：CEIC、国家統計局より作成

ナ禍前どころか、行動制限時の２０２２年より低い水準での低迷が続いている。

販売額の方は、２０２３年５月には＋11・９％まで回復したが、その後急減速し、既に息切れ感は強い。

２０２３年よりも不動産価格の下落率が大きいチャイナショック時の２０１５年ですら、販売面積は＋６・５％、販売額は＋14・４％となっており、住宅需要は伸びていた。

コロナ禍前（２０１９年）と実数ベースで比較すると、２０２３年の販売面積は約５割、販売額も約５・５割にすぎず、住宅需要は、コロナ禍前の水準を大幅に下回っていることがわかる。これらのデータからも、足もとの不動産需要は、過去と比較してもかなり深刻な水準であるといえよう。

また、足もとだけでなく、将来の住宅需要の先細りを予感させるデータがある。

商品住宅着工面積は、2023年に入っても前年比▲2～3割の軟調が続いている。着工面積の減少は、近未来の新規住宅供給の先細りを意味している。さらに、新規着工の減少に加え、膨大な住宅在庫も積み上がっている。住宅在庫は約3億㎡、2023年上半期の販売ペースで約3カ月分が積み上がっている。

この水準は、チャイナショック直後のピーク時（2016年4月、約4・5億㎡）よりは少ないが、2017年末と同等程度であり、需要の弱さを裏づけるデータとなっている。

それに加えて、未完成で引渡し未了の住宅取引契約も大量に抱えている（図表2-4）。

中国の大手デベロッパーが抱える「契約負債」（＝住宅引渡し前に、デベロッパーが住宅購入者から受け取った手付金）は、販売額上位5社だけで約1・7兆元（約34兆円。2023年12月時点）に達している。この金額は、それら5社の年間販売額の合計に匹敵する。

前述したように、中国政府は、購入契約した住宅を完成させ、確実に購入者に引き渡す「保交楼」政策を実施している。社会の混乱を回避する観点からも、「保交楼」政策の完遂は最優先事項となっている。

デベロッパーも、住宅購入者や当局からの強いプレッシャーを受けている。

碧桂園など、契約負債の多い一部デベロッパーでは、債務支払いよりも保交楼を優先している会社もある。こうした既契約分や在庫の処理が進み、販売が上向き、着工も増加して、はじめて住宅市場の需要回復といえるのだろうが、その道のりには少なくとも3年程度の時間が必要と見込まれる。

このように、**中国のデベロッパーは、①足もとの売行低迷、②新規着工の減少、③完成在庫の増加、④「保交楼」政策の義務履行の「四重苦」**ともいえる状況といえよう。

■ 図表2－4　中国における大手デベロッパーの契約負債と販売額の状況（2023年12月）

順位	企業名	企業形態	販売額（億元）	契約負債（億元）
1	保利発展	国有（中央）	4,246	4,569
2	万科企業	混合所有制	3,755	4,871
3	中海地産	国有（中央）	3,098	3,695
4	華潤置地	国有（中央）	3,070	2,414
5	招商蛇口	国有（中央）	2,936	1,736
6	碧桂園	民営	2,169	6,681
7	緑城中国	混合所有制	1,942	2,054
8	建発不動産	国有（中央）	1,890	1,776
9	龍湖集団	民営	1,735	1,560
10	金地集団	混合所有制	1,535	909
11	濱江集団	民営	1,534	1,312
12	越秀地産	国有（中央）	1,425	2,212
13	中国金茂	国有（中央）	1,412	869
14	華発地産	国有（中央）	1,259	990
15	中国鉄建	国有（中央）	1,216	1,641
16	融創中国	民営	846	−
17	新城HD	民営	758	2,361
18	中交不動産	国有（中央）	698	337
19	首開集団	国有（地方）	614	437
20	遠洋集団	混合所有制	505	342

（注）　国有（中央）：国有（中央政府）企業
　　　国有（地方）：国有（地方政府）企業
　　　民営：民営企業
　　　混合所有制：国有資本・民間資本混合企業
出典：CRIC、各種報道より作成

④ 不動産テコ入れ策と今一つの政策効果

(1) 二度にわたる大規模な不動産テコ入れ策

中国不動産市場の低迷は、当然ながら中国でも大きな国内課題となっており、政策期待も非常に大きい。2022年および2023年と、二度にわたる大規模な不動産テコ入れ策が次のとおり打ち出されてきた。

①2022年11月 通称「金融16条」：中国人民銀行と銀保監会（中国銀行保険監督管理委員会）による連名通知
- 需要対策：住宅ローンの返済延期、貸出金利の引下げ（下限規制緩和）
- 供給対策：デベロッパー・建築会社向けの資金繰り対策（リスケ、リスク評価基準緩和、信用補完）

②2023年8月 追加対策：住宅建設部や金融部門の連名通知
- 既存住宅ローン金利の引下げ（新規向け金利と同水準に引下げ）
- 頭金比率の引下げ（1回目の住宅購入30％以上↓20％以上、2回目40％以上↓30％以上など）

・「認房不認貸」政策（住宅購入地に自宅がなければ、1回目購入として住宅ローン条件を優遇。【例】北京に自宅をもつ人が、上海ではじめて住宅購入する場合は1回目購入と同等の金利適用）

・地方都市での住宅購入制限緩和（【例】山東省青島市は購入物件数制限を撤廃。大連市や瀋陽市も市内大半地域で制限撤廃）

これらの政策手法は、2015年前後の不動産市場低迷時にもよく活用されていた定番といえる。**中国の住宅需要の伝統的かつ代表的なコントロール手法は3つある。すなわち、①住宅ローン金利、②頭金比率、③購入物件数制限、の組合せだ。**また、住宅供給サイドに対する代表的手法は、2020年8月の通称「3つのレッドライン（三条紅線）」だ。具体的には、不動産企業のレバレッジ規制と金融機関からの融資抑制の組合せが手法となる。

いずれも、もともとは住宅投機の抑制を目的として導入された政策手法だ。規制と金融措置を組み合わせ、旺盛な住宅需要や住宅の過剰供給を抑制しようとした。同時に、不動産企業の過剰債務解消、不良債権リスクの低減を図り、金融システムの安定化を目指した。

需要不足が不動産市場低迷の原因なのであれば、住宅需要規制を緩和することで、本来の需要が復活する〝はず〟である。中国政府の取組みは、そうした前提のもとで実施されてきた。

(2) 不十分な政策効果

ただ、肝心の政策効果については、これまでのところ効果は今一つといわざるをえない。

一連の経緯を簡単に振り返ってみよう。

2022年11月の通称「金融16条」は、ゼロコロナ政策解除とほぼ同時期に打ち出された。厳しい行動制限から一転、移動の自由が確保され、経済活動はV字回復することが期待された。デベロッパー破綻による不安心理払しょくのため、2022年夏には「保交楼」政策がスタートした。中国全土に広がった住宅ローン返済ボイコット運動も、その頃には既に収束していた。「金融16条」は、コロナ禍から回復する中国経済にとってブースターのような効果を発揮すると期待された。

しかし、残念ながら住宅需要にさほど火はつかなかった。不動産販売関係のデータは軟調に推移した。個人住宅ローンも伸びず、2023年3月末の同残高（約39兆円）は、行動制限下の前年6月と同水準。金融セクターでは住宅開発向けの貸出が少し伸びたようだが、インパクトは不十分といわざるをえなかった。

中国の政策当局者も、さすがに「これはマズい」という感覚を強くもっただろう。おそらく2023年春くらいからは、さらなる追加対策の必要性が強く意識されていたのではないかと想像する。

では、次なる追加対策のタイミングはどこか。

政策当局者としては、なるべく政策効果が最大化できる時期に狙いを定める。

中国の不動産業界では、「金九銀十」という言葉がよく使用される。不動産の売行がよくなるシーズンは9~10月という意味だ。次なる不動産テコ入れ策が公表されたのは、その直前の8月下旬。中国政府が、不動産活況シーズンにタイミングを合わせて、追加政策を打ち出したことはまちがいない。

その目玉施策は、日本人には少々わかりにくいが、中国語で「認房不認貸」政策といわれる措置だった。少々意訳すると、「住宅の有無で判断し、住宅ローン利用履歴は考慮しない」という意味だ。

近年の中国の不動産政策の基本思想は、「住房不炒」という考え方だった。これは、「住宅は住むものであって、投機の対象とするものではない」という意味だ。この思想をベースに、住宅の一次取得者については、住宅ローン金利や頭金比率等を優遇してきた。

逆にいえば、既に住宅を保有する者、過去住宅ローンを利用したことのある者は、優遇対象外とされてきた。追加対策では、この考え方を大幅に緩和した。従来、優遇の対象外だったこれらの者も、「現在自宅を保有していない都市での住宅購入」であれば、一次取得とみなして優遇措置を適用することにしたのだ。たとえば、北京に自宅のある人が、上海ではじめて家を買う場合も優遇対象になるといった具合だ。

このような**大規模な不動産テコ入れ策が二度発動されながら、政策効果は不十分のままだ。**

「保交楼」、住宅ローン金利の引下げや要件緩和、購入規制の緩和。一見すると、中国政府はやれることはほぼやり尽くした感すらある。従来必勝パターンだった政策手法が効かない理由は何なのだろうか。

中国経済関係者との議論を通じて、よく聞かれる指摘は次のようなものだ。

①不動産市場に限らず、消費、投資、貿易等の需要全般が弱い
②政策の規模や内容が不十分で、また中国らしい機動性もみられない（too little too late）
③住宅の一次取得層である若年層の失業率や所得低下の影響（※中国は、日本よりも、結婚と同時に住宅を購入する傾向が伝統的に強い）
④住宅購入余力のある富裕層は、既に住宅を保有しており、相場的に投資需要も縮小
⑤潜在的需要層は、デベロッパーへの不信感や、住宅価格下落のタイミング見極め姿勢が強い

不動産市場だけを対象とした部分的な対応では、経済全体に蔓延する弱気なセンチメントを根本的に改善することは難しい。

5 住宅市場はクラッシュするのか
――問題の本質は「若年層所得」と「地方間格差」の2つ

日本国内では、中国の不動産市場低迷について、日本のバブル崩壊と重ね合わせる識者が多い。不動産神話の崩壊、住宅需要の飽和、過剰債務、少子高齢化、高度成長の終焉（ルイスの転換点）などのキーワードが使用され、「日本化する中国」という言葉も頻繁に出てくるようになった。

「中国は日本をモデルにして発展した」というイメージが強い日本国内では、こうした日本の経験になぞらえた解説は、必然的に多くの日本人の心に刺さりやすい。また、中国国内でも、過去の類似事例として、日本の「バランスシート不況」の経験と教訓が知りたいというニーズが急増しているようだ。

ただ、**不動産危機で中国経済全体がクラッシュするとの見方については、筆者は懐疑的である。**その理由は大きく次の2つがある。

①中国全体でみれば住宅取得適齢期の人口は多く、潜在的住宅需要はなお膨大と考えられること

②「不動産危機」が深刻化するリスクは、経済的基盤の弱い地域に集中していること

■ 図表２－５　中国の人口構成（2020年）

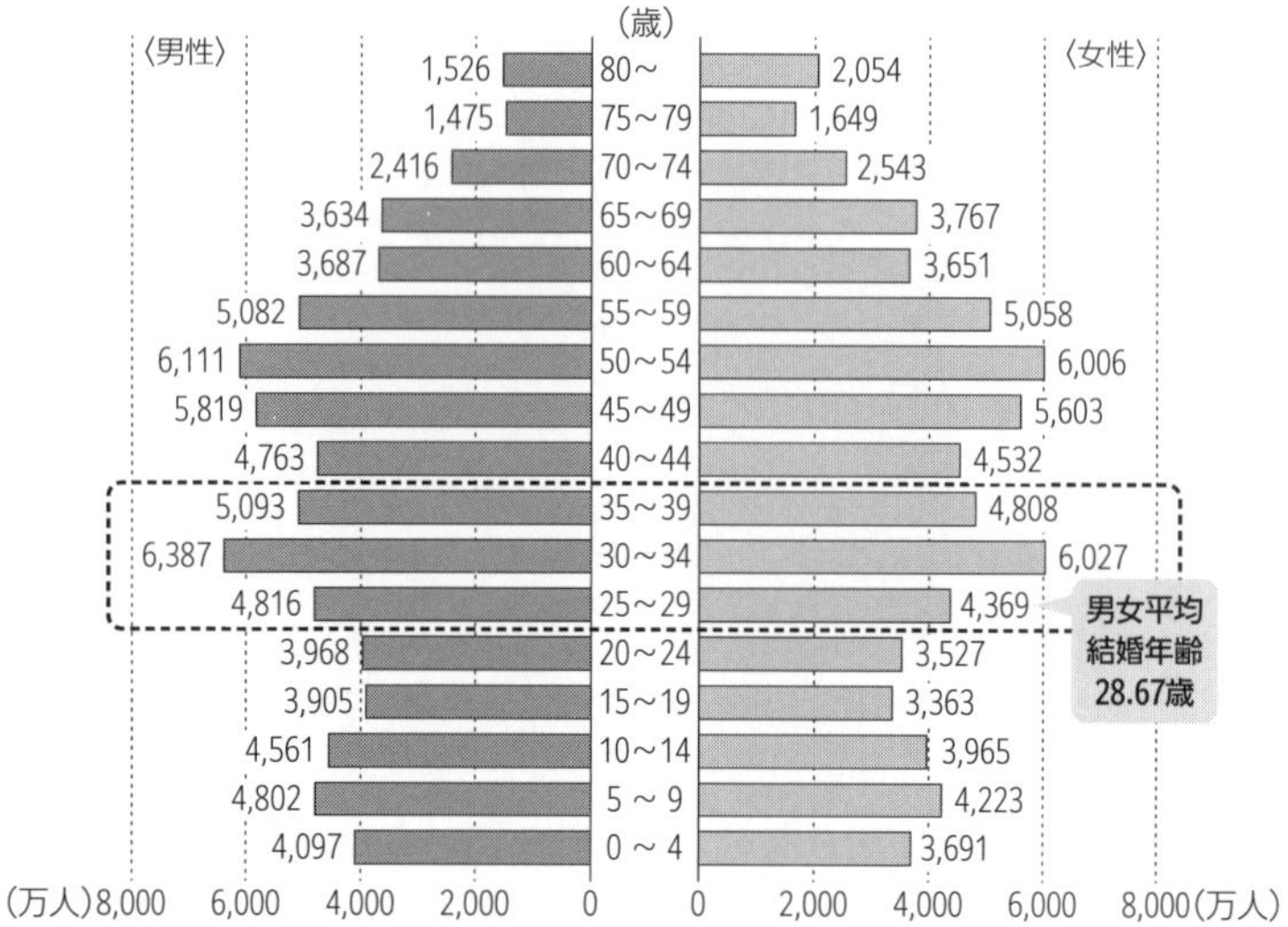

出典：国家統計局より作成

（1）アラサー世代の厳しい経済状況

中国の不動産危機に関連して、総人口の減少、少子高齢化、一人っ子政策の弊害等がよく指摘される。確かに、中国の総人口はピークアウトしており、年間出生人口も減少傾向にあるのは事実だ（図表２－５）。

しかし、**住宅取得適齢期ともいえるアラサー世代の人口は約３億人と非常に多い。**実は、全世代を通じてみても、20代後半～30代は、アラフィフ世代に匹敵する人口ボリューム層である。

中国の少子高齢化の影響が、住宅需要の構造的な減少要因として顕在化するのはもう少し先のことだ。本質的問題は、むしろ

■ 図表2－6　中国における若年層失業率（都市部調査失業率）

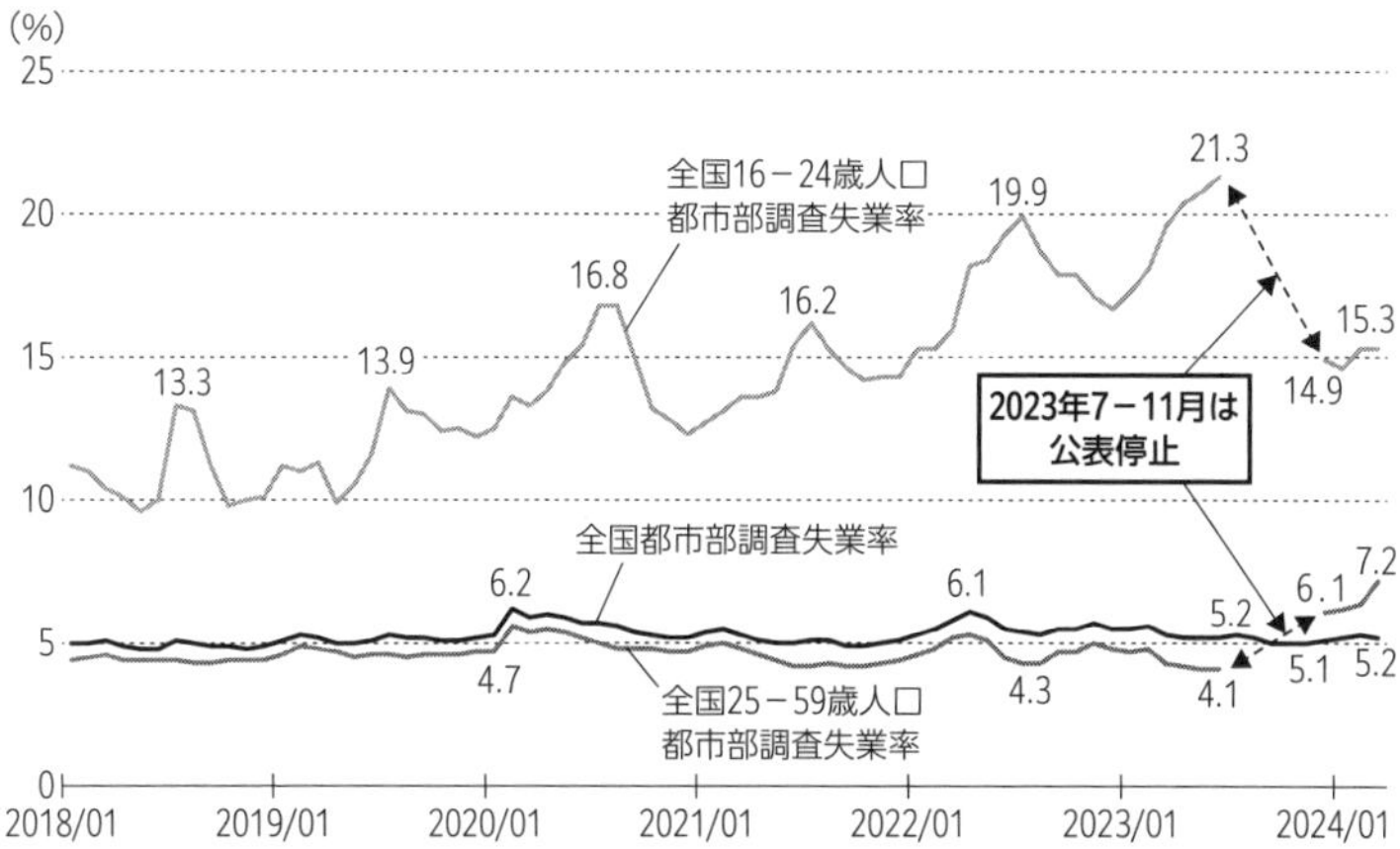

出典：国家統計局より作成

本来の需要のボリュームゾーンが、住宅購入に踏み切れない経済状況にあることだ。

その背景にあるのが若年層の雇用環境だ。2023年8月、「都市部調査失業率」の公表が急遽停止されたことは記憶に新しい（図表2－6）。

都市部の若年層失業率（16～24歳）は、コロナ禍前は10％強で推移していたが、コロナ禍後に急激に上昇傾向となり、2023年に入ってからは20％超にまで上昇した。

その後、勤労学生等を除くなど定義変更を行って、同年12月から再公表されるようになったが、生産労働人口全体の失業率が5％台のなか、若年層のそれは15％前後と3倍近い。

ただ、この統計も「実態はその倍（4～

5割）」といった現地の声も聞こえてくる。厳しい状況は続いているのだろう。また、「初任給が1割カットになった」「財政難で公務員給与が3～5割カットになった」等の話もよく聞く。

日本では、優秀な人材確保や人材不足から、初任給や若手の給与アップ、売り手市場が大きな話題だ。現在の中国と日本では、若年層を巡る雇用情勢は際立って対照的な状況となっている。

中国では、伝統的に「結婚するときに家を買う」という考え方が根強い。近年は昔ほどではない、という話も聞くが、今でも潜在的需要は膨大なはずだ。住宅需要の中核を形成している若年層の本音は、「家を買いたいけど買えない」「家を買えないから結婚しない」ではないだろうか。

こうした状況を考えると、**潜在的な住宅需要層である若年層の住宅取得支援策を抜本的に強化することが、中国住宅市場の健全な回復につながるのではないか**と考える。

個人的には、住宅ローン金利や頭金比率の引下げといった直接的な住宅需要刺激策に加えて、次のような住宅一次取得層の雇用・所得環境の改善に関する総合的な対応も必要ではないかと考える。

- 若年層向け雇用対策の強化（人材マッチングの強化、公共セクターでの雇用など）
- 若年層の所得水準の向上（短期的には一次取得層向け住宅ローン減税の拡充など）
- 長期・固定・金利上限付きの融資・保証（かつての日本の住宅政策のイメージ）
- 良質で低廉な公営住宅等の整備（マクロでは、若年層の貯蓄率向上や住宅開発投資にも寄与）

(2) リスクは経済基盤の脆弱な地域に集中

これまでの考察でも触れたように、「中国不動産危機」といわれる厳しい環境にあっても、北京や上海などの1線都市の不動産市場は比較的安定しており、不動産価格も目立った下落現象はみられない。不動産統計をみても、1線都市、2線都市、3線都市と、規模が小さい都市ほど不動産価格の伸びは低い。**厳しいのは、地方の中小都市、特に東北部・内陸部の中規模以下の都市**である。

3線都市に至っては、いまだに新築・中古とも前年同月比マイナスが続いている。

繰り返しになるが、住宅市場の規模が大きく、所得水準も高く、資産価値の高い1線都市の不動産には、実需のみならず投機需要も含めて中国全土から人気が集まる。

第2弾の不動産テコ入れ策で導入された「認房不認貸」政策も、1線都市については効果が期待される一方、2〜3線都市については効果が限定的だろうという見方が強い。

すなわち、**「中国不動産危機」とはいうものの、大都市部の不動産市場は引き続き安定している一方、中小規模の都市の不動産市場が厳しい。また、地方中小都市の間でも、地域によって事情は大きく異なる**のが実態だ（**図表2-7**）。

たとえば2線都市のなかでも、アリババの本拠地である浙江省杭州市など、人気エリアの不動産価格は堅調に推移している。他方で、吉林省長春市、陝西省西安市、河南省鄭州市、甘粛省蘭州市、貴

■ 図表2－7　1線および2線都市の住宅需要関連指標

地区	都市区分	商品住宅平均販売価格【1㎡の単価】(元)	商品住宅販売面積(万㎡)	不動産開発住宅投資額(億元)	GDP(億元)	戸籍人口(万人)	平均年収(元)
		2021年時点	2021年時点	2021年時点	2021年時点	2019年時点	2021年時点
上海	1線	40,974	1,490	2,674	43,653	1,469	196,053
北京	1線	46,941	877	2,522	41,046	1,397	201,504
深圳	1線	61,601	623	1,603	30,665	551	155,563
広州	1線	30,580	1,371	2,539	28,232	954	144,288
重慶◆	2線	9,678	4,945	3,288	28,077	3,416	106,966
成都◆	2線	14,713	2,614	2,109	19,917	1,500	113,853
杭州	2線	29,781	1,954	2,300	18,109	795	151,121
武漢◆	2線	15,504	2,471	2,418	17,717	906	121,608
南京	2線	27,938	1,371	1,932	16,356	710	149,087
天津	2線	16,370	1,334	2,168	15,685	1,108	128,171
寧波	2線	21,152	1,281	1,400	14,595	608	127,011
青島	2線	14,365	1,420	1,481	14,136	831	127,228
長沙◆	2線	10,119	2,305	1,575	13,271	738	114,805
鄭州◆	2線	9,665	2,480	2,545	12,691	882	96,365
済南	2線	13,241	1,300	1,351	11,432	797	119,245
合肥◆	2線	14,443	1,563	1,193	11,413	770	111,672
福州	2線	15,286	1,686	1,638	11,324	710	108,133
西安◆	2線	15,221	1,239	1,427	10,688	957	115,574
大連★	2線	14,080	627	547	7,826	599	107,390
瀋陽★	2線	11,997	985	1,000	7,249	756	101,554
昆明◆	2線	12,353	965	1,546	7,223	578	111,460
長春★	2線	8,506	930	736	7,103	754	100,463
厦門	2線	31,425	413	710	7,034	261	119,483
南昌◆	2線	10,576	1,562	721	6,651	536	102,084
石家荘	2線	10,517	678	763	6,490	1,052	89,621
ハルピン★	2線	8,778	517	401	5,352	951	84,796
太原◆	2線	10,395	728	525	5,122	384	98,099
南寧	2線	8,960	1,126	975	5,121	782	103,013
貴陽◆	2線	9,015	1,186	864	4,711	428	106,188
ウルムチ◆	2線	8,013	703	381	3,692	227	111,044
蘭州◆	2線	7,795	762	444	3,231	332	96,793
フフホト◆	2線	11,314	264	202	3,121	249	98,467
銀川◆	2線	8,143	528	234	2,263	200	114,235
海口	2線	16,400	349	243	2,057	183	99,560
西寧◆	2線	10,025	177	211	1,549	209	113,154

(注)　★：東北部、◆：内陸部
出典：国家統計局より作成

州省貴陽市、重慶市など、経済的基盤が脆弱な東北部や内陸部の都市では、不動産価格の大幅な下落が続いている。

6 日本のバブル崩壊との違い

このような地域ごとに不動産市場の状況が大きく異なる様子は、日本のバブル崩壊時とは決定的に異なると考えている。主な違いは次の3点である。

①不動産価格の下落幅や地域的広がり

日本のバブル崩壊は、東京などの大都市を含む日本全国で、商業地を中心に不動産価格が暴落する全国的現象だった。全国公示地価は、ピークの1991年から、商業地を中心に急速に下落し、その後も長期低迷が続き、2010年代前半には1991年比約7割下落している。

他方で、現在の中国の不動産市場は低迷が続いているとはいえ大都市と地方中小都市でまだら模様であり、不動産価格の下落幅もピーク(2019年)比で約1~2割にとどまっている。

②潜在的な住宅需要の大きさの違い

バブル崩壊時の日本経済は既に成熟化が進んでおり、住宅需要の回復には、2000年代中盤の「ミニバブル」期まで、10年以上の時間が必要だった。その後も、2008年のリーマンショックで深刻な影響が生じ、本格的な回復には20年以上の時間を要した。この間、少子高齢化も急速に進行し、デフレ経済の長期化に直面した。

他方で、現在の中国経済は、経済発展により平均所得等は大幅に向上したが、発展余地はなお残っており、当面、潜在的な住宅需要は大きいと考えられる（住宅一次取得層（結婚適齢期）であるアラサー世代の人口規模は約3億人。中低所得層の人口規模は約6億人。都市化率（日本やアメリカは約90％）は依然70％程度）。少子高齢化の影響の顕在化はもう少し先と考えられる。

③金融システムの安定度の違い

バブル崩壊後の日本経済は、「不動産価格の下落→担保価値の低下→信用収縮→不良債権問題」に発展し、最終的に深刻な金融危機が発生した。他方で、現在の中国の金融システムは、不動産市場が大きく低迷する状況にあっても、全体として安定を維持している（詳しくは後述）。経済運営の全体調整が可能な中国では、金融部門が不良債権のリスクプール機能を果たすことで、経済全体の安定運営を維持しやすい。

仮に、中国の不動産市場低迷が、日本のバブル崩壊後に近い状況であれば、既に金融システミックリスクの問題が発生していただろう。そうであれば、中央政府レベルで大規模かつ機動的な政策対応がとられていたと思われる。

しかし実際は、リスクが特定の脆弱な地域に集中しているために、中央政府レベルではなく、原則的に地方政府レベルで個別に解決するアプローチがとられている。

ただ、安定している1線都市の経済規模は、中国全土の約3割を占めるにすぎない。不動産市場全体の軟調がこのまま継続し、地方政府レベルで個別に問題を解決できないレベルに達した場合には、全国的な経済問題に発展するリスクはある。

中国が不動産市場低迷を乗り越え、経済の正常化を実現できるかどうかは、中国経済がもつ優れたポテンシャルを活かす、的確な経済政策の運営ができるかどうかにかかっている。

第3章

中国の地方債務問題

1 不動産市場と地方財政の深いリンケージ
――土地使用権譲渡金は貴重な地方財源

現在の中国不動産市場の問題は、全国的現象というより、経済基盤の脆弱な地域で深刻な問題だ。不動産市場の低迷が中国経済に与える影響については、中国における「経済の地域格差」や地方財政の仕組みを理解しないと、実像はみえてこない。

中国の予算会計制度の大枠は、「4会計×中央・地方の2区分」のシンプルな構造だ（図表3－1）。「①一般公共会計」は、日本の「一般会計」同様、一般行政経費全般を扱う会計区分である。「②政府性基金会計」は、中国独特の制度で、いわば「開発プロジェクト特別会計」である。

他の会計区分は本テーマとは無関係なので説明を割愛する。

「②政府性基金会計」のうち、**「地方政府性基金会計」は、地方政府が直接執行する開発プロジェクトの特別会計**だ。これこそが、中国の不動産市場と地方財政をリンクする重要な役割を担っている。

その予算規模も、地方政府の**一般公共会計の約半分と相当な規模**になっている。地方政府の財政部門にしてみれば、「一般公共会計：政府性基金会計＝2：1」という規模感になる。日本風にいえば、おそらく「全体予算の約3分の1が公共事業特別会計」という感覚であろう。

■図表３－１　中国の予算会計制度と予算規模

（単位：兆元、2022年決算ベース）

会計名	中央政府	地方政府（合計）
①一般公共会計	歳入　10.8 歳出　13.4 うち地方移転 9.7→	歳入　21.8 うち税収 7.7 中央からの移転 9.7 地方政府一般債 0.6(注：ネット発行額) 歳出　22.5
②政府性基金会計	歳入　2.3 歳出　1.5 うち地方移転 0.1→	歳入　11.1 うち中央からの移転　0.1 **土地使用権譲渡金収入 6.7(前年比▲23.3%)** **地方政府専項債　4.0(前年比＋11.2%)** 歳出　10.5
③国有資本経営会計	歳入　0.3 歳出　0.3	歳入　0.3 歳出　0.3
④社会保険基金会計	歳入　0.3 歳出　0.3	歳入　10.5 歳出　9.3

出典：中国財政部「2022年度決算」より作成

なお、**図表３－１**の数字は、あくまで中国全土の地方政府の予算額を合計したものだ。実際の予算管理は、省や市など、各地方政府レベルで実施されている。予算の状況は、各地方政府によって大きく異なることに留意が必要だ。

「地方政府性基金会計」の財源は、一般公共会計とは異なり、「税収」ではない。主な財源は次の２種類になる。

①土地使用権譲渡金収入

地方政府が主体となってプロジェクト開発した不動産の売却収入

②地方政府専項債

■ 図表3－2　地方政府性基金会計の推移（2018〜2022年、決算ベース）

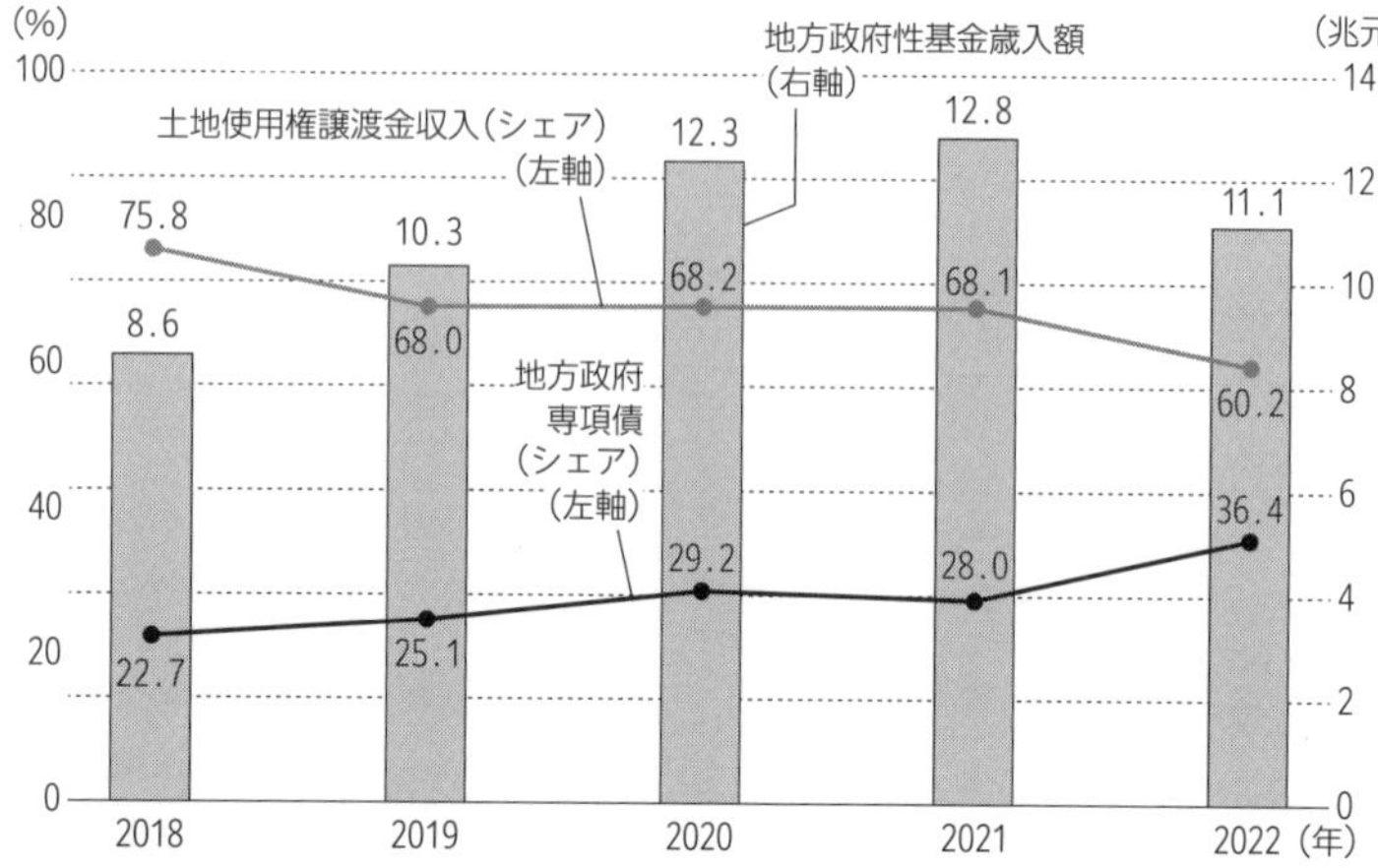

出典：中国財政部「地方予算執行報告」より作成

インフラ建設のために地方政府が発行する債券。基本的に、当該プロジェクトからの収入をその償還財源とする（筆者注：日本風にいえば、「地方財投債」のイメージだろうか）

地方政府性基金会計の歳入の過半は、「土地使用権譲渡金」になる。

なお、「土地使用権譲渡金」は耳慣れない用語だが、これは中国の都市部の土地が原則国有のためだ。地方政府が開発した土地の所有権ではなく、日本の定期借地権ともいうべき「土地使用権」を売却して得た収入という意味である。

地方政府は国有地を開発し、その土地使用権を不動産デベロッパー等に売却する。それを主な原資として、次なる開発プロジェクトを展開していくという構造になっている。中央政府の財源に頼っていないため、使途についても地方政府の裁量が大きいことが特徴だ。**不動産価格が下落し、開発した土地使用権の売却収入が減少すれば、財政収入も減少する。**実際、2022年の地方政府性基金予算では、歳入の「約8割」を見込んでいたが、経済基盤の脆弱な地域を中心に売却収入が低迷し、実績は「6割」にとどまった（図表3－2）。

他方で、中央政府は地方政府に対して、コロナ禍による経済下支えのためのインフラ建設も指示していたことから、地方政府は事業量を急に減らすこともできず、「地方政府専項債」を発行して資金調達を行っていた。

②債務リスクが深刻な東北部・内陸部の地方都市

──1線都市や沿海部との違い

現在の中国の仕組みでは、地元不動産市場の低迷は、次のようなメカニズムで地方財政に深刻な影響を及ぼす。

地元不動産市場の低迷

↓土地使用権売却収入の減少

■ 図表３－３　中国における地方政府別の狭義・広義負債率の一覧（2022年末）

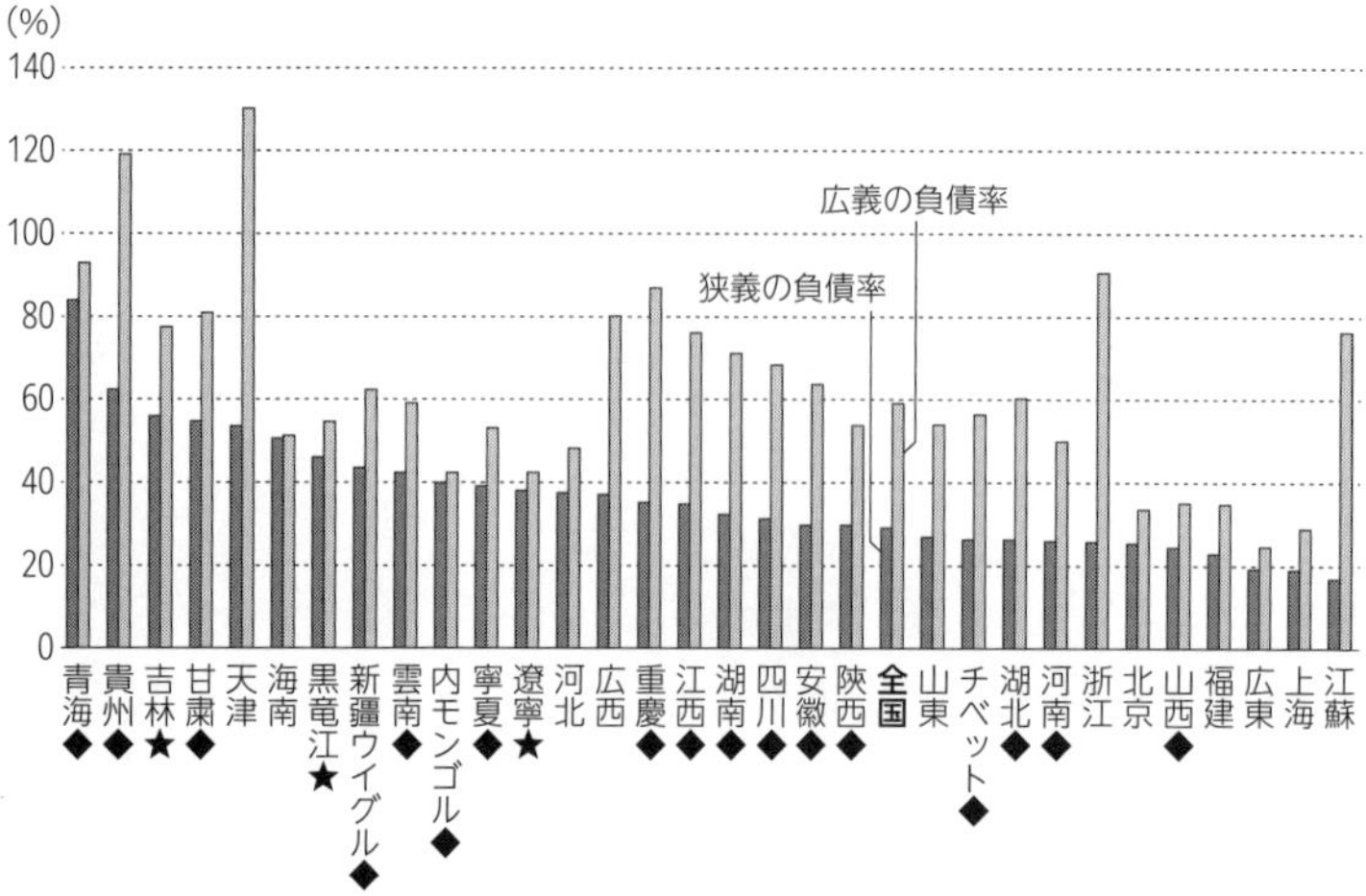

（注）★：東北部、◆：内陸部
出典：Windより作成

↓地方政府性基金会計の歳入減
↓開発プロジェクトの原資不足
↓地方債務（地方政府専項債）増加、
　歳出カット（事業規模の縮小等）
↓地域経済への悪影響

つまり、**不動産市場が低迷している地域ほど、必然的に地方財政は厳しくなる。**

２０２１年半ば以降、不動産価格の下落傾向が続いており、地方財政への影響も深刻だ。エリア的には、比較的堅調な沿海部とは対照的に、やはり東北部や内陸部にリスクが集中している。

これらの地域は、不動産市況も地方財政も極めて厳しい状況に直面している。

こうした財政基盤の脆弱な地方の債務問題は、どのくらい深刻なのだろうか。地方政府別の「負債率」（＝地方政府の債務残高／ＧＤＰ）について、２０２２年末時点の数値を次のとおり試算した。

①「狭義の負債率」：予算制度内の債務額が地域経済規模の何倍か
【算式：（地方政府一般債務残高＋地方政府専項債残高）／ＧＤＰ】
②「広義の負債率」：さらに、「隠れ債務」とされる地方融資平台（ＬＧＦＶ）の有利子負債も考慮した倍率
【算式：前記算式の分子に、さらに「ＬＧＦＶ有利子債務」を加えて算出】

分析した結果による債務状況（図表３－３）と不動産市場動向をクロスさせると、図表３－４のような結果が得られた。これをみると、東北部や内陸部の苦境は一目瞭然だ（沿海部かつ中央直轄市である天津市は例外的）。

地域の不動産市場の低迷と、地方債務問題は密接に関係しているといえる。

■ 図表３－４　中国における地方政府別の狭義・広義負債率
および不動産販売額

ワースト順位	狭義の負債率（2022年末）	不動産販売額（前年比減少率）	広義の負債率（2022年末）	不動産販売額（前年比減少率）
1	青海省◆（84.0%）	144億元（▲51%）	天津市（130.0%）	1,516億元（▲35%）
2	貴州省◆（62.3%）	1,686億元（▲48%）	貴州省◆（119.0%）	1,686億元（▲48%）
3	吉林省★（55.9%）	696億元（▲46%）	青海省◆（92.9%）	144億元（▲51%）
4	甘粛省◆（54.7%）	835億元（▲38%）	浙江省（90.6%）	12,660億元（▲34%）
5	天津市（53.5%）	1,516億元（▲35%）	重慶市◆（86.9%）	2,954億元（▲45%）
6	海南省（50.6%）	1,098億元（▲30%）	甘粛省◆（80.9%）	835億元（▲38%）
7	黒龍江省★（46.0%）	569億元（▲34%）	吉林省★（77.4%）	696億元（▲46%）
8	新疆ウイグル自治区◆（43.5%）	883億元（▲36%）	江蘇省（76.4%）	14,811億元（▲31%）
9	雲南省◆（42.3%）	1,999億元（▲33%）	江西省◆（76.1%）	4,905億元（▲17%）
10	内モンゴル自治区◆（39.9%）	868億元（▲29%）	四川省◆（68.2%）	7,599億元（▲30%）
中国全国平均	29.1%	4,182億元（▲32%）	59.0%	4,182億元（▲32%）

（注）　★：東北部、◆：内陸部
出典：国家統計局、Wind、各種統計より作成

3 「隠れ債務」の実態
——地方融資平台「LGFV」のカラクリ

中国の地方債務問題を考える際には、一義的に、地方政府が発行する債券（地方債）がイメージされる。

具体的には、次の2つがメジャーな地方債になる。

①地方政府性一般公共会計（≒一般会計）↓地方政府一般債
②地方政府性基金会計（≒建設プロジェクト特別会計）↓地方政府専項債

もともと、中国の地方政府による地方債発行や借入は禁止されていた。

中国は、伝統的に健全財政に強いこだわりをもつ国だ。このため、地方債務も中央によって厳しく管理されてきたが、2010年代に入りそれも限界に達した。はじめて地方債の発行が認められたのは、実は2014年と、つい最近のことだ。

中国には、「財政自給率」という概念がある。これは、各地方政府の一般公共予算の歳出に占める税収の割合だが、2010年代から下落傾向にある。

地方債発行スタート当初は、財政自給率は50％後半で推移していたが、コロナ禍中は50％割れの年

■図表3－5　中国における地方政府債務残高および地方政府負債率

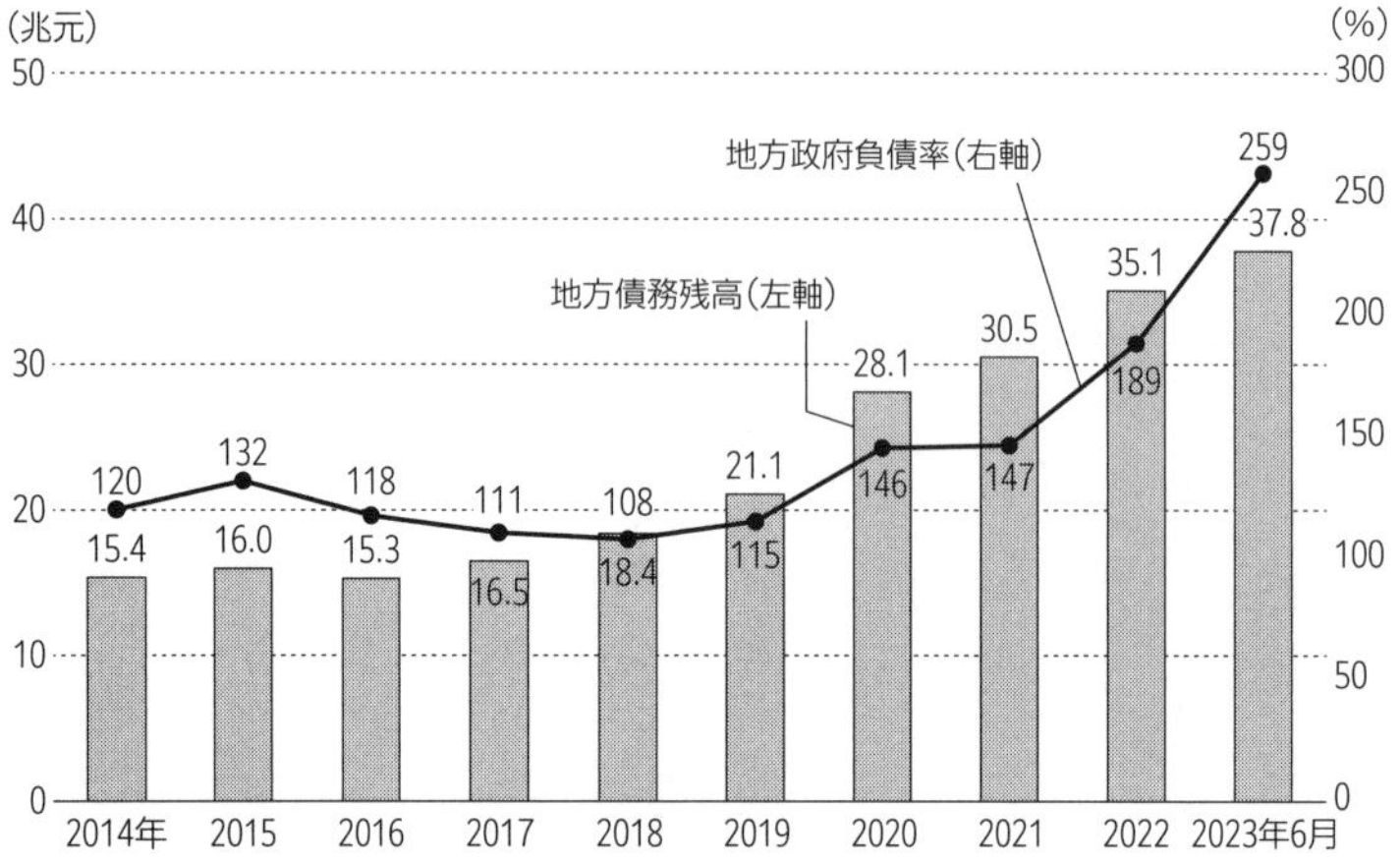

出典：中国財政部より作成

（2020年、2022年）もみられた。かつて日本にも「3割自治」という言葉があったが、現在の中国は「5割自治」といったイメージだろうか。

地方債による財源調達は、一般会計にとどまらない。地方政府性基金会計も、メイン財源の土地使用権譲渡金収入が不足する一方で、「地方政府専項債」での調達を増やしてきた。

建設プロジェクトは、中国語で「項目」という。「地方政府専項債」とは、建設プロジェクト費用の調達に特化した地方債という意味だ。

中国の地方債務残高は、地方債発行の始まった2014年には約15兆元（約300兆円）。地方政府の償還能力を示す「負債率」は120％（＝歳入1・2年分の借金）だった（図表3－5）。

しかし、2022年には債務残高は約35兆元

■ 図表3－6　地方融資平台（LGFV）の資金調達スキーム

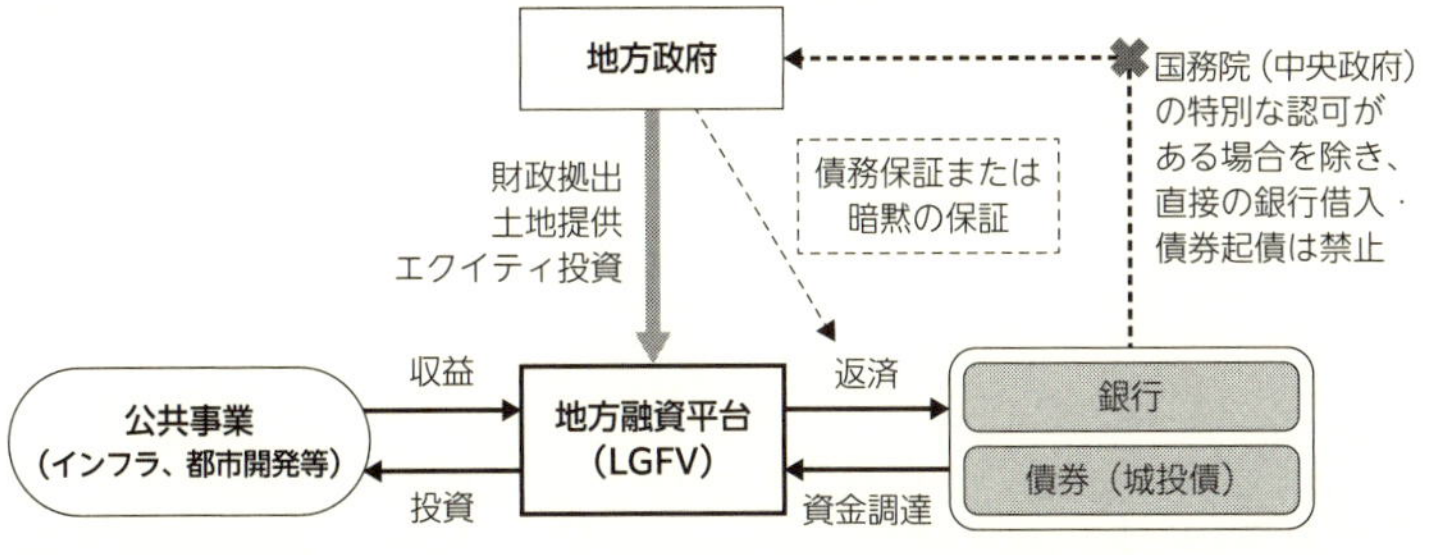

出典：野村資本市場研究所より作成

（約700兆円）と、2014年の2倍以上に増加し、負債率も189％にまで急増している。ただ、これら地方政府予算の枠組み上の「狭義の地方債務」だけみていると、全体像を見誤ることになる。

実質的な地方債務は、地方政府による「暗黙の保証」も含めた「広義の地方債務」で捉える必要があるからだ。地方政府の投資ビークルと位置づけられる、**地方融資平台（LGFV）の債務のなかには、地方政府による暗黙の保証があるとされる「隠れ債務」が存在**している。

LGFVは、地方政府が主体で設立した、官民による不動産開発ファンド企業である（図表3－6）。形式上は地方政府から独立しているため、その債務は予算会計上の「地方政府債務」には計上されない。

地方政府は、LGFVに対して自ら出資を行っており、傘下の国有企業や地元企業等も資金の拠出（いわゆるLP出資）を行っている。LGFVは、それらの資金も原資に、地域の建設プロジェクトを実行する。具体的な対象プロジェクトは、住宅、ショッピングモール、工業団地等が代表的だ。日本風にいえば、「第三セクター」の投資公社といったところだろうか。

中国の地方指導者は、党中央からの評価において、高い経済成長率の実現が求められてきた。しかし、硬直的な予算制度のもと、地方政府が高い自由度をもって取り組める対応には限界があった。2008年、リーマンショック時に打ち出された「4兆元の経済対策」後は、中国全土で投資ブームが起こった。その際、「打ち出の小槌」となった手法が、地方政府の簿外債務となるLGFVの活用であった。

LGFVの有利子負債は、社債、銀行借入、信託、ファイナンスリースなど、さまざまな形態が可能だ。しかし、いずれも設立主体である「地方政府の信用」を背景にファイナンスされたものである。このため、仮に問題が発生した場合、地方政府は「暗黙の保証」の履行を債権者から求められる。

LGFVは、2010年時点の中国審計署（日本の会計検査院に相当）の調査では、中国全土で6500社超も存在し、その債務合計額は約5兆元（当時のGDPの約12％）もあった。

それから10年以上が経過したが、債務規模はさらに大きくなっている。近年の実態については、中国国内外でいくつか試算が行われており、代表的な数字を紹介したい。

- IMF：55兆元（約1100兆円）（2022年末）
- UBSエコノミスト汪涛氏：42・7兆元（約854兆円）（2022年末）

・中誠信国際（中国の格付会社）：52兆～58兆元（約1040兆～1160兆円）（2022年末。一部のPPP（官民連携）プロジェクトを含む）

分析主体によって幅はあるが、**「隠れ債務」は、おおむね40兆～60兆元（約800兆～1200兆円）程度**は存在すると推測される。この金額は2022年における、予算制度枠内の「狭義の地方債務」約35兆元（約700兆円）を超える規模だ。合計すると、実質的な地方債務額は75兆～95兆元（約1500兆～1900兆円）で、GDP（約120兆元：約2400兆円）の6～8割に相当する。

中国政府も、この問題を放置してきたわけではなく、10年以上前からLGFVの動向をモニタリングしてきた。他方、地方政府も、地方債、債務リスケ、借換え、銀行融資など、さまざまな金融手法を駆使して凌いできた。ただ、問題が深刻化する一方で、地方債務削減に向けた中央政府の抜本的支援は実施されていない。既に中国経済の重要課題となって久しいが、現在でも、地方政府による「自力救済」が基本だ。

最大の懸念は、財政基盤が脆弱で、債務返済能力が乏しい地方政府がデフォルトに陥ることだ。

4 地方債務のサステナビリティ
――抜本的解決よりまずは目先のキャッシュフロー

地方債務問題が重要課題になって久しいが、なぜ、中央政府は抜本的解決を図らないのだろうか――。

特に、不動産市場が低迷し、基幹財源であった「土地使用権譲渡金収入」も大幅に減少し、事態は深刻だ。一部の地方政府では、経常経費の支払い（買掛金）が遅延するケースが多発し、社会問題化もしている。

2023年7月には、党中央政治局会議で、「地方政府債務リスクの総合的な債務解消方策を制定・実施する」旨の決定がなされ、多くの関係省庁が具体的方策を発表するという動きはあった。

また、同年8月の全人代常務委員会では、次の内容が報告書に盛り込まれた。

- 中央財政による地方政府の債務リスク解消の積極的支援
- 隠れ債務の償還期限構成を改善し、リスク負担を削減

これら一連の措置のポイントは、「**地方債を活用した資金繰り対策**」といえる。**地方政府の流動性を支え、円滑な借換えを促し、金利負担を軽減しつつ、時間を稼ぐための措置だ。**そこで活用されたの

が次の2つの地方債である。

①「再融資債」：いわゆる「借換債」。新規地方債発行で、既発地方債を償還しつつ、所要の歳入を確保。

②「特殊再融資債」：いわゆる「置換地方債」。LGFVの「隠れ債務」を顕在化させ、地方政府債務に置き換える等のために発行。

こうした地方財政対応は過去3回の前例（最大は2015～2018年の12兆元）があり、今回の2023年で4回目となるが、特に「特殊再融資債」が最大の目玉になっている。

現地の経済誌『財新週刊』によれば、重債務地域を対象に、1・5兆元（約30兆円）の枠が地方政府に付与された。10月以降に発行は相次ぎ、20あまりの省で累計1兆元超（約20兆円超）の発行があった模様だ。調達財源の使途についても柔軟性があり、遅延した支払いや、LGFVの債務肩代わりも可能なようだ。ただし、これらの措置は、あくまで**地方政府に対する資金繰り支援であり、根本的な債務削減策ではない**。地方政府による「自力救済」を維持するための政策ツールを付与することで、何とかもちこたえさせている。

中央政府には、地方政府債務の肩代わりや、抜本的な債務削減を進める考えはないようにみえる。「地方政府が一義的かつ最大限の責任をもつ」という中央政府のスタンスは基本的に変化していない。

その意味で、**地方債務のサステナビリティは、中央政府および地方政府の債務管理能力による**といえよう。その実力を的確に評価することは難しいが、少なくとも次の5点はファクトとして中国の債務償還能力を示す根拠としてあげることができよう。

- 地方債務やＬＧＦＶが重要課題となってから10年以上が経過しているが、一部地域で小規模なデフォルト等は発生しているものの、システミックな混乱や金融システムの不安等は発生していないこと
- 中国の予算制度においては、中央政府と地方政府の一体性は高く、（地方政府に対して一義的かつ最大限の自助努力は求めるにせよ）非常時等には中央財政部門による何らかのサポートが予想されること。また、各地方政府においても、中央からの指示もあり、人件費を含む厳しい歳出削減や債務管理に取り組んでいること
- 地方政府の資金繰り面についても、銀行等を巻き込んだ中央金融部門からの流動性支援が予想されること。ＬＧＦＶ向けに、中国人民銀行による中小零細企業向けの貸出の支援政策である再貸出資金を地方性銀行へ提供する「応急流動性金融ビークル」（ＳＰＶ）の仕組みも用意されていること
- 基本的に債権者は国内であり、外国人債権者や対外債務も少なく、債務調整が比較的容易なこと
- 財政危機に陥っている地域は東北部や内陸部など、経済・財政規模が比較的小さい地方であ

り、ラストリゾートとしての中央政府の政策余力は、財政面、金融面ともに十分あると考えられること

5 地方債務問題の今後の展開

以上の考察を踏まえ、地方債務問題の今後の展開について、筆者の見解を総括的にまとめてみたい。

中国は、過去10年以上にわたって、地方債務問題による大規模な経済的混乱を回避してきており、その債務管理能力や政策対応能力は相当程度高いと考えられる。現状、地方債務問題のリスクは経済基盤の脆弱な地域に集中しており、全体としては、地方政府の目先のキャッシュフローを確保し時間を稼ぐことで、当面の経済的混乱を回避することは可能と考えられる。

ただし、現在の手法は、あくまで当面の危機回避を主眼とした流動性供給であり、地方債務自体の抜本的削減を図るものではない。結果的に債務管理能力の限界を超えて、問題が発生する地方政府が個別に出現することはありうる。

総じていえば、**システミックなリスクに発展する可能性は低いと考えられるが、個別の地方政府レベルで、財政危機やデフォルト等が発生する可能性**は想定される。

仮に、ある地域が結果的に「債務危機」に陥り、その波及的影響が大きい場合などは、社会経済の混乱回避や統治管理の観点から、中央政府が「例外的」に救済する可能性は十分にあると想定される。地方債務自体の抜本的削減、中央・地方間の財政調整の拡大、地方財源の充実等の論点については、統治体制にも関わる根本的で複雑な問題であり、早期に結論を得ることは困難であろう。

中国の地方債務問題は、今後も経済成長が続くことを前提に、こうした「中国的手法」で、時間をかけて軟着陸を目指す展開が予想される。

第 4 章

中国の不動産金融

1 不動産金融の担い手は誰か

――上場銀行の最新データからみえること

これまでにみてきたように、中国の不動産市場と地方債務問題は深い構造的関連性がある。

現時点で、中国の不動産市場は深刻な状況にあるが、当面は資金繰り対策によって、不動産企業や地方政府を支えることで時間を稼ぎながら、債務リスクを極力顕在化させずに、当面の経済的混乱を回避する方向がメインシナリオとみられる。

また、システミックなリスクに発展する可能性は低いが、個別で問題が発生する可能性は十分想定され、仮にそのような事態が発生した場合には、中央政府が例外的に救済する可能性も想定される。

こうした全体シナリオを実現するうえで、決定的に重要なのが、資金繰りを担う「金融セクター」である。なぜなら、経済全体で資金繰りを維持できなくなった瞬間に、債務リスクが爆発するからだ。

では、中国の不動産金融の担い手は一体誰なのか？　資金繰りを維持できる能力はあるのか？　中国の不動産向け債権は、どれだけ不良債権化しているのか？

本章では、中国経済の全体構造のうえでもポイントとなる「中国の不動産金融」の実態を探ってみたい。

(1) 不動産金融の全体像

中国の金融システムは、現在でも銀行中心の間接金融主体（企業資金調達の7割）の構造にある。

そこで、入手が容易な上場銀行データから、中国の不動産金融の実態をみていきたい（出典：中国現地経済メディア「新浪財経」の2023年9月12日ネット配信記事「2023上半年上市銀行房地产类指标 排行榜」（日本語訳「2023年上半期上場銀行不動産関連指標ランキング」）。原データは、各上場銀行の決算発表やディスクロ情報の公表情報であり、それを収集整理したもの）。

中国の銀行は、全国を営業エリアとする「全国性銀行」と、地元中心の「地方性銀行」に大別される（図表4－1）。

このなかで、不動産金融と特に関係が深い業態が次の4つである。

①5大国有銀行

中央政府出資の国有銀行で、中国全体の4割近いシェアをもつ。日本のメガバンクに相当するイメージだが、同時に、政府系金融機関としての側面も有する。これら5行は、日本の3メガバンクと同様に、国際銀行規制上の「G－SIBs（グローバルなシステム上重要な銀行）」に該当し、追加資本賦課等、より厳しい規制を受ける。

■ 図表4－1　中国の国内銀行（上場54行）の分類

カテゴリー		銀行数	銀行の具体例
全国性銀行		16行	
	①5大国有銀行	5行	中国工商、中国建設、中国農業、中国、交通
	②株式制銀行	11行	中国郵政貯蓄、招商、興業、浦東発展、中信、民生、光大、平安、華夏、浙商、渤海
地方性銀行		38行	
	③都市商業銀行	30行	北京、江蘇、上海、寧波、南京、杭州、天津、厦門、貴州（貴州省）、晋商（山西省）、徽商（安徽省）、成都（四川省）、重慶（重慶市）、盛京（遼寧省）、甘粛（甘粛省）など
	④農村商業銀行（農商銀行）	8行	重慶農商、上海農商、広州農商、青島農商、無錫農商など
上場銀行全体		54行	

出典：新浪財経「2023年上半期上場銀行不動産関連指標ランキング」より作成

②株式制銀行

民営ないし混合所有制（国有資本・民間資本混合企業）の株式会社形態を採用する全国性銀行。民営企業的な性格が比較的強く、ネットバンキングなど、利便性の高いサービスに積極的だ。

③都市商業銀行

日本の「地方銀行」のイメージに近い。その経営には、出資や人事などを通じて、地方政府が深く関与していることも多い。中国の不動産金融を考える際には、特に重視すべきプレーヤーである。

④農村商業銀行（農商銀行）

もともとは農商事業者向けの小規模金融機関でコミュニティバンク的な位置づけだが、一部には、中国の不動産開発の

■ 図表4－2　中国の国内銀行（上場54行）における業態別の貸出残高および不動産関連融資の割合（2023年6月）

（単位：%）

カテゴリー	個人向け住宅ローン／貸出全体	不動産企業向け融資／貸出全体	不動産企業向け融資／法人融資
全国性銀行			
①5大国有銀行	**25.3**※	4.2	7.2
②株式制銀行	**17.9**※	**7.1**※	**13.6**※
地方性銀行			
③都市商業銀行	12.0	**5.7**※	**8.9**※
④農村商業銀行（農商銀行）	9.4	3.1	5.2
上場銀行全体	**13.1**	**5.4**	**8.8**

（注）　※：上場銀行全体平均以上
出典：新浪財経「2023年上半期上場銀行不動産関連指標ランキング」より作成

波に乗り、不動産向け融資を伸ばし、上場まで果たした銀行も存在する。

これら4業態の貸出全体に占める不動産関連融資のエクスポージャーの大きさを一覧にしたのが**図表4－2**である。以下、詳しくみていこう。

（2）個人向け住宅ローン市場

中国の個人向け住宅ローン残高（2023年6月末）は全国商業銀行ベースで38・6兆元（約772兆円）で、そのうち、全体の9割以上（35・9兆元）を上場54行で占めている。

中国の個人向け住宅ローンの資金供給者は、5大国有銀行を筆頭に、上場大手銀行が中心だ。特に、中国建設銀行が最大規模を誇っており、同行の貸出総額の約3分の1が個人向け住宅ローンとなっている。

個人向け住宅ローンの2023年6月末の残高は、商業銀行全体で年初比2000億元（約4兆円）減少しているが、全体の残高の0・5％程度の規模であり、急激な需要減や融資縮小が発生しているとまではいえないだろう。

次に、金融機関における個人向け住宅ローンの経営上の位置づけをみていこう。

個人向け住宅ローンは、全国性銀行、特に5大国有銀行にとって貸付全体の4分の1強を占める主力商品となっている。他方で、地方性銀行は全体の1割程度と、その割合は低い。住宅ローンが定型的な商品で、金利水準や商品性の面で、大手行の方が規模メリットを活かしやすく、中国全土で高い競争力を発揮できるためと考えられる。

銀行にとって、住宅ローンはデフォルト率が低く、長期安定的な収益源となる優良資産だ。過去の金利規制のなごりもあり、2023年9月でも全国商業銀行で平均1・73％の利ザヤがとれる中国ではなおさらだ。

上場54行のうち、貸付全体に占める個人向け住宅ローンの割合が15％超の銀行は19行。5大国有銀行以外では、住宅ローン需要の強い大都市部の都市商業銀行が多い。

個人向け住宅ローン市場では、5大国有銀行を中心に、全国性銀行や大都市部の地方性銀行のプレゼンスが圧倒的に大きいといえよう。

そもそも５大国有銀行は、中国の銀行貸出残高全体（１９４兆元）の約半分（93兆元）のシェアをもつ、圧倒的な存在だ。

Ｇ20ベースの国際金融規制（バーゼルⅢ）下の厳しい監督も受けており、財務の健全性も高い。資金供給者としては極めて安定的な存在であり、銀行サイドの事情で信用収縮が起きることは考えにくい。

(3) 不動産企業向け融資市場

次に、不動産企業向け融資の方はどうだろうか。

突出した業態はないものの、株式制銀行と都市商業銀行のエクスポージャーは高めとなっている。個人向け住宅ローンでは圧倒的存在の５大国有銀行は、上場銀行全体よりエクスポージャーは少ない。相対的にリスク耐性の低い業態の方が、不動産企業向け融資を多めに抱えている傾向が読みとれる。

法人融資のうち不動産企業向け融資が８％超の銀行は上場54行中17行で、約３分の１が該当する（図表４－３）。

また、大口取引先のうち不動産企業数が多い銀行は、６～10行存在し、上場銀行全体の１～２割となっている（図表４－４）。それらの銘柄をみると、上海市や浙江省杭州市など、不動産市場が安定し

■ 図表４－３　不動産企業向け融資のエクスポージャーが大きい中国上場銀行（2023年６月）

不動産企業向け融資／法人融資	銀行名
10%超（４行）	上海農商（15.0%、上海市）、盛京★（12.1%、遼寧省瀋陽市）、瀘州★（11.1%、四川省瀘州市）、浙商（10.5%、浙江省杭州市）
９%超（６行）	貴陽◆（9.9%、貴州省貴陽市）、ハルピン★（9.5%、黒竜江省ハルピン市）、渤海（9.4%、天津市、全国性）、青島農商（9.3%、山東省青島市）、蘭州◆（9.2%、甘粛省蘭州市）、上海（9.0%、上海市）
８%超（７行）	民生（9.9%、全国性）、鄭州◆（8.6%、河南省鄭州市）、天津（8.6%、天津市）、九江◆（8.4%、江西省九江市）、寧波（8.2%、浙江省寧波市）、広州農商（8.1%、広東省広州市）、平安（8.0%、全国性）

（注）★：東北部、◆：内陸部
出典：新浪財経「2023年上半期上場銀行不動産関連指標ランキング」より作成

■ 図表４－４　大口取引先に不動産企業が多い中国上場銀行（2023年６月）

カテゴリー	銀行名
大口取引10先中、**不動産企業数が多い**上場銀行	● **不動産企業が４先（３行）** 中信（全国性）、浙商（浙江省杭州市）、盛京★（遼寧省瀋陽市） ● **不動産企業が３先（３行）** ハルピン★（黒竜江省ハルピン市）、九江◆（江西省九江市）、東莞農商（広東省東莞市）
大口取引10先中、**不動産企業向け融資額の規模が大きい**上場銀行	● **全国性銀行（３行）** 交通（５大国有銀行）、招商（株式制銀行）、光大（株式制銀行） ● **地方性銀行（７行）** 天津（天津市）、鄭州◆（河南省鄭州市）、盛京★（遼寧省瀋陽市）、蘭州◆（甘粛省蘭州市）、貴州◆（貴州省貴陽市）、威海★（遼寧省威海市）、青島農商（山東省青島市）

（注）★：東北部、◆：内陸部
出典：新浪財経「2023年上半期上場銀行不動産関連指標ランキング」より作成

ている地域の銀行も含まれる一方で、東北部や内陸部における地方債務が大きい地域の地域性銀行が多いのが特徴となっている。

一部例外を除き、**経済基盤の脆弱な東北部や内陸部の地方性銀行のエクスポージャーが大きい傾向があるといえよう。**

2 不動産融資はどれだけ不良債権化しているのか
——経済基盤の脆弱な地域は高水準

それでは、中国の不動産融資のうち、不良債権はどれだけあるのだろうか。

まず、個人向け住宅ローンについては、足もとのフローで延滞等が急増していることは事実であるが、全体でみれば、全国性銀行における不良債権比率は0・5％前後（2022年）で、安定的な優良資産である。

問題は、やはり不動産企業向け融資である。

中国の上場54行中、不動産企業向け融資の不良債権比率を公表している銀行は44行。上場銀行の約8割のデータが入手可能であり、中国の不動産金融の全貌がうかがい知れる。

■ 図表４－５　中国上場銀行（44行）の不動産企業向け融資の不良債権比率（2023年６月）

カテゴリー	不良債権比率（不動産企業向け）	個別行の状況（ワースト順）
全国性銀行	**3.9%（注：全国性銀行全体）**	
①５大国有銀行	**5.1%**	**中国工商6.7%、中国農業5.8%、中国5.1%**、中国建設4.8%、交通3.4%
②株式制銀行	3.2%	４%超（４行） →招商、中信、民生、光大
地方性銀行	**3.8%（注：地方性銀行全体）**	
③都市商業銀行	**4.1%**	**貴州（貴州省）19.1%、晋商（山西省）12.3%、徽商（安徽省）7.8%、重慶（重慶市）7.1%** ※その他４%超（６行） →斉魯（山東省）、中原（河南省）、厦門（厦門市）、天津（天津市）、九江（江西省）、鄭州（河南省）
④農村商業銀行（農商銀行）	3.4%	**重慶農商（重慶市）9.1%** 【参考】広州農商、青島農商は３～４%台
上場銀行全体（44行）	**0.2～19.1%（平均3.8%）**	**【参考】不良債権比率が低いベスト３** 青島（山東省）0.2%、寧波（浙江省）0.3%、興業（株式制）0.8%

出典：新浪財経「2023年上半期上場銀行不動産関連指標ランキング」より作成

不動産企業向け融資の不良債権を多く抱えている業態は、実は５大国有銀行と都市商業銀行の２つだ（**図表４－５**）。

不良債権比率が最も高いグループは、内陸部の都市商業銀行４行（貴州銀行、晋商銀行、徽商銀行、重慶銀行）。これら内陸部の地域は、いずれも不動産市場が低迷し、地方債務負担も重い地域に該当する。

日本の金融危機時、主要行の不良債権比率（全体）のピークは８・４%（２００２年）だった。これと比較すると、貴州銀行（19・1%）や晋商銀行（12・3%）の不良債権比率が、いかに深刻かがうかがい知

■ 図表4－6　中国5大国有銀行の不良債権比率（2023年6月）

（単位：%）

銀行	不良債権比率（貸出全体）	不良債権比率（不動産企業向け）〔 〕内は2022年末	不良債権比率ワースト1位の業種	不良債権比率ワースト2位の業種〔 〕内は当該業種の不良債権比率
中国工商	3.2	**6.7**↗〔6.1〕	不動産業	卸小売業〔4.5〕
中国農業	0.3	5.8↗〔5.5〕	不動産業	卸小売業〔2.5〕
中国	1.3	**5.1**↘〔**7.2**〕	不動産業	製造業〔1.7〕
中国建設	1.6	4.8↗〔4.3〕	不動産業	製造業〔2.2〕
交通	2.3	3.4↗〔2.8〕	不動産業	卸小売業〔2.4〕

（参考）

全国性銀行	2.1	3.9
地方性銀行	3.8	3.8
上場銀行全体（44行）	–	3.8

出典：新浪財経「2023年上半期上場銀行不動産関連指標ランキング」より作成

れる。

意外なのは、**5大国有銀行の不動産企業向け融資の不良債権比率の高さだ**（図表4－6）。

直近の2023年6月時点では、資産規模最大の「中国工商銀行」が、5大国有銀行のなかでワーストである。上場銀行（44行）全体のなかでも、ワースト6位の不良債権比率だ（前掲の**図表4－5**）。また、不動産企業向け融資残高が、中国工商銀行よりも大きい中国銀行、中国農業銀行、中国建設銀行の3行も、不良債権比率は同様に高い水準にある。

特に中国銀行は、つい最近（2022年末）まで、不動産企業向け融資額で最大のプレーヤーであった。貸出総額全体の7・

8％が不動産企業向けで、その不良債権比率（7・2％）も極めて高い水準にあった（2022年末）。中国銀行の劉金総裁は、2022年決算発表時の記者会見で、「国家関連部門による多くの措置により、個別の貸倒れおよび個別のオフショア債務は次々と解消されている」とコメントしている。中国銀行の半年後（2023年6月末）の決算報告をみると、不動産企業向け融資残高を1・4兆元から8500億元へと4割も圧縮している。不良債権比率も7・2％から5・1％に急速に低下している。

ここまでの急激なポジション調整と不良債権処理は、金融当局の強い指導もあったと想定される。海外業務に強い中国銀行が、わざわざ「オフショア債務の解消」に言及している点も、恒大集団や碧桂園の米ドル建て債券デフォルトとの関連を想起させる。

足もとの2023年6月では、中国農業銀行が、中国銀行を抜き、不動産企業向け融資額が最大となった。2022年末（8396億元）から6％程度残高を伸ばし、8925億元となっている。

5大国有銀行すべてが、最も不良債権比率の高い業種は「不動産業」となっている。しかも、その比率は突出して高く、ワースト2位の業種と比べ、1・5～2倍超の高さとなっている（前掲の図表4－6）。

このように、**不良債権化した不動産企業向け融資を多く抱えている銀行は、経済基盤の脆弱な一部の地方性銀行に加え、実は中国を代表する国際金融機関である5大国有銀行である**ことは興味深い。

■ 図表4－7　中国5大国有銀行とグローバル金融機関の自己資本比率（2023年6月）

（単位：％）

中国工商銀行	中国建設銀行	中国銀行	中国農業銀行	交通銀行	日本の3メガ平均（連結ベース）	G-SIBs平均（大手23行）
18.45	17.40	17.13	16.25	14.57	14.38	10.10

（注）G-SIBs：グローバルなシステム上重要な銀行
出典：各社決算情報より作成

3 大手国有銀行の「不良債権プール機能」
――中央政府の政策ツールとしての大手国有銀行

5大国有銀行は、G20ベースでの厳しい国際金融規制を適用され、資本基盤も厚く、財務の健全性も高い（図表4－7）。貸出全体の不良債権比率も、0・3％（中国農業銀行）～3・2％（中国工商銀行）と安全レンジだ（前掲の図表4－6）。

つまり、**貸出債権全体では健全性を確保しつつも、不動産企業向け融資だけは、例外的に突出した不良債権を抱えている**ことがわかる。このデータについて、不動産業が、全業種のなかで突出して不良債権化が著しいとの解釈も可能である。

ただ、国際金融規制のプレッシャーが大きく、高度なリスク管理が求められる5大国有銀行が、株式制銀行や地方性銀行平均と比較しても、不動産企業向け融資に関しては相当高い不良債権比率を容認しているのはやや不自然である。

■ 図表4－8　中国5大国有銀行の貸倒引当金および貸倒引当率等（2023年6月）

銀行	中国工商	中国農業	中国	中国建設	交通
貸倒引当金（億元）	7,511	8,768	2,468	7,576	2,024
貸倒引当率（%）	2.97	4.13	2.42	3.35	2.69
貸倒引当金カバー率（%）（貸倒引当金／不良債権残高）	218.62	304.67	188.39	244.48	192.85

出典：各社決算情報より作成

5大国有銀行の株式は、上海、香港の主要市場に複数上場されており、中国を代表する国際銘柄だ。投資家や株主からのプレッシャーは国際的にも大きい。また、国際金融規制のもとで、資本金や収益性を含めた財務基盤も強固なため、財務の健全性確保の観点から、償却等による不良債権の早期処理を積極的に進めるインセンティブをもっているはずである（図表4－8）。それにもかかわらず、下位業態と比較しても、あえて多くの不良債権を抱えているのはなぜなのか。

ここから透けてみえるのは、財務の健全性の高い5大国有銀行が、中国の金融システム全体のなかで、不動産業向け不良債権プールの社会的役割を果たしているのではないか、ということだ。

この5大国有銀行による「不良債権のリスクプール機能」は、エリア別不良債権比率からも、透けてみえてくる（図表4－9）。上海周辺の長江デルタや、広東省周辺の珠光デルタの不良債権比率は極めて低い一方、東北部や内陸部のそれは相対的に高い水準にある。特に、東北部が突出して高い傾向は各行共通してみられる。

■ 図表4－9　中国5大国有銀行の地域別不良債権比率（2023年6月）

（単位：%）

銀行	長江デルタ	珠光デルタ	東北	西部	中部	渤海湾
中国工商	0.7	1.3	2.6	1.6	1.0	1.8
中国農業	0.7	1.1	2.2	1.9	1.4	2.0
中国建設	0.9	1.7	3.2	1.1	1.6	1.1
交通	0.9	0.8	5.0	1.0	1.2	1.2
中国	0.9	1.3	2.3	1.5	1.3	1.6

出典：新浪財経「2023年上半期上場銀行不動産関連指標ランキング」より作成

前章では、中国政府と国有銀行が中心となって、不動産企業や地方政府への流動性供給（資金繰り）によって、リスクの顕在化を回避し、当面の経済的混乱を回避している実態をみてきた。

しかし、国有銀行にしてみれば、リスクのあるところに資金供給を続ければ、そのリスクは自分自身に移転してしまう。日本を含む資本主義経済制度のもとでは、そうしたリスクを民間企業が引き受ける余地はない。ましてや、財務の健全性維持等、厳しい規制下にある銀行は、本質的にそうしたリスクを忌避する傾向にある。他はどうであれ、自らの銀行だけは健全性を保持することが、民間銀行にとって当然の合理的行動といえる。

実際、バブル崩壊後の日本の金融危機も、リーマンショックも、次のようなプロセスを経て発生した。

不動産市場や実体経済の低迷
↓融資先の信用リスクの顕在化
↓過剰なリスクを抱えていた金融機関の経営危機
↓金融システム全体の不安定化に発展

こうした日本の経験に照らせば、中国も同じようなパスを辿るはずとの連想が働きやすい。なぜなら、経済合理的な経済主体であるはずの銀行が過大なリスクを抱えることはありえないからだ。**リスクの塊である不動産企業や地方政府等に資金供給を持続することは、銀行が純粋な民間主体であれば、本来は経済合理性に反する。**

他方で中国は、地方債務リスクが国際的に懸念され始めた約10年前から現在に至るまで、何度も危機が囁かれたが、システミックリスクへの発展を回避してきた。その大きな要因として、銀行等による資金供給により、リスク顕在化やシステミックリスクへの発展を防止してきたことがあげられる。

すなわち、「**大手国有銀行が、不動産部門等への安定的な資金供給役を担いつつ、社会的に不良債権をプールすることで、経済全体の資金循環を維持し、システミックリスクの顕在化を防止する機能を果たしている**」と考えられる。

このことは、事実上、大手国有銀行が中央政府に成り代わってマクロ経済の維持安定装置の役割を果たしていることを意味している。

ここで改めて、図表4－10で、中国の5大国有銀行の政府出資比率をみてみたい。

いずれもほぼ過半が中央政府出資であり、幹部人事も党中央組織部による「人事の一環」となっている。

中国の大手国有銀行は、国際金融規制が適用されている上場企業でもあるが、先進国の民間大手銀

■ 図表4－10　中国5大国有銀行の政府出資比率（2023年6月）

（単位：%）

中国工商銀行	中国建設銀行	中国銀行	中国農業銀行	交通銀行
65.85	57.11	64.02	82.04	39.42

（注）　株主上位10名より算出
出典：各社決算情報より作成

行のような「独立した企業としての高い自律性」があるわけではない。

あくまで、党中央の指導、政府部門の指示などのもと、国家から示された社会的ミッションとのバランスをうまくとりながら企業経営していく必要がある。経済学のテキストにあるような、「企業は利益最大化を目的に行動する」という前提は、そもそも中国の大手国有銀行については成り立たない。

こうした**中国独自の経済体制が、リスクの高い部門への資金供給を持続的に可能にし、「中国流」の地方債務のサステナビリティを支えている**のが中国の現実だ。

また、資本主義体制下であれば、中央政府や地方政府などが負担することになる「財政負担」を、一時的に軽減させる効果もある（最終的に財政によるリスク負担を免れられるかどうかは、その後の経済情勢を含めた展開による）。

中国の不動産市場と地方債務問題を考える際、**中国の大手国有銀行は、中国を代表するグローバル金融機関であると同時に、中央政府の重要な政策ツールでもある**ことを十分認識する必要がある。

第5章

中国の金融システム《マクロ編》

1 不動産市場発の金融危機は起きるのか？

今後の中国経済を見通すうえで、金融システムに関する考察は核心的な内容になると確信している。中国経済について、最も懸念されているワーストシナリオは、次のようなものだろう。

不動産バブル崩壊
↓地方債務危機
↓金融危機の発生
↓マクロ経済の長期停滞

バブル崩壊後の日本経済の苦境を直接経験した世代にとっては、どうしてもこの悪循環がイメージされてしまう。

筆者の柴田も、30歳前後の課長補佐時代に、日本の金融危機と不良債権問題を体験した世代だ。2003年の「金融再生プログラム」の策定や、足利銀行の破綻処理と国有化を直接担当した経験をもつ。

中国は、「金融システミックリスクの回避」を2010年頃からマクロ経済政策の最優先事項としてきた。長年にわたり、強い危機意識をもって総合的な対策に取り組んできたことは、意外にもあまり知られていない。

本章と次章では、中国が既にリスクへの相応の備えと大規模な不良債権処理を進めていることに加え、マクロ（中国全体）とミクロ（地方金融）の両面から、金融システム安定化策の全体像と実態を解説したい。

2 金融システム全体の健全性
——不良債権を上回る当期純利益と引当金、さらに自己資本

まずは、中国全体の金融システムの状況をマクロ的にみてみよう。

中国の金融統計には、銀行業全体の動向を示す「全国商業銀行」というカテゴリーがある。中央政府の金融当局である「国家金融監督管理総局」が、主要監督指標を定期的に公表している。

「全国商業銀行」は、中国全土で4561行（2023年6月末）存在する。そのなかで、マクロ的視点から金融システムを評価する際に注目すべきは、大型国有銀行、株式制銀行、都市商業銀行、農村商業銀行の4主要業態だろう（図表5－1）。なお、そのほかにも、農村信用社や村鎮銀行等の多様な形態の金融機関が存在している。

■ 図表５－１　中国「全国商業銀行」の４つの主要業態（2023年６月末）

カテゴリー	銀行数	銀行の具体例	総資産シェア	純利益シェア
全国性銀行⇒全国商業銀行の総資産の約６割、年間純利益の約７割のシェア				
①大型国有銀行	6行	中国工商、中国建設、中国農業、中国、交通（以上G-SIBs指定）、中国郵政貯蓄	42%	52%
②株式制銀行	12行	招商、興業、浦東発展、中信、民生、光大、平安など	17%	22%
地方性銀行⇒営業エリアが限定。各地方ごとに、都市商業銀行や農村商業銀行が存在				
③都市商業銀行	125行	北京、江蘇、上海、南京、杭州、天津、厦門、貴州、晋商、徽商、成都、重慶、盛京、甘粛など	13%	14%
④農村商業銀行（農商銀行）	1,609行	重慶農商、上海農商、広州農商、青島農商、無錫農商など	13%	12%

出典：中国・国家金融監督管理総局公表データ等から筆者作成

中国の全国商業銀行のうち、資産規模が大きく、経営基盤が比較的強固な**「全国性銀行」は18行で、総資産の約6割、年間純利益の約7割という圧倒的シェア**を占めている。このように、**中国の銀行業は、基本的に大手銀行による寡占状態にある**といっても過言ではない。

中国でも、２０１９年以降、内モンゴル自治区「包商銀行」、遼寧省「錦州銀行」、山東省「恒豊銀行」が、相次いで公的管理下に置かれるなど、各地で個別問題行の破綻事例は発生している。

そして、このような個別事例を紹介しつつ、「中国の金融システムは不安定化しており、金融危機前夜である」旨の解説や報道もよくみられる。

しかし、マクロ的視点から中国の金融システ

■ 図表５－２　中国「全国商業銀行」の資産内容とリスクバッファーの全体像（主要数値。2023年９月末）

資産内容	
a　貸付金残高	約200兆元
不良債権額	
b　不良債権	約3.2兆元
c　要注意債権	約4.4兆元
d　広義の不良債権（＝b＋c）	約7.6兆元
不良債権比率	
e　不良債権比率（＝b／a）	1.6%
f　広義の不良債権比率（＝d／a）	3.8%

⟷

リスクバッファー	
A　当期純利益 ※2022年実績	約2.3兆元
B　貸倒引当金	約6.7兆元（カバー率208%）
C　合計（A＋B）	約9.0兆元
自己資本	
D　自己資本	約31.7兆元
E　自己資本比率	14.8%

出典：中国・国家金融監督管理総局公表データ等から筆者作成

ム全体の安定性を評価する場合には、シェアが大きい全国性銀行も含めた中国の金融システム全体を俯瞰して、客観的に判断する必要があるだろう。

そこで、**図表５－２**に、中国の「全国商業銀行」ベースで、資産内容と財務上のリスクバッファーに関する主要数値（２０２３年９月末）をピックアップしてみた。

なお、中国も、G20各国で構成される金融安定理事会（FSB）に加盟しており、「不良債権」の定義等についての基本的考え方は、日本を含む海外諸国とおおむね同様と考えて差し支えない。

まず、資産内容だが、貸付金残高(a)は約２００兆元（約４０００兆円）。ちなみに、日本の全国銀行協会が公表している「全国銀行」

110行の総貸出残高は573兆円である。ベースは異なるが、銀行貸出の規模感は日本の約7倍程度といったところか。

次に、不良債権残高(b)は約3・2兆元（約64兆円）、不良債権比率(e)は1・6%である。

ただ、慎重を期して、「不良債権予備軍」ともいえる「要注意債権」（中国語では「关注类贷款」）も加えてみてみよう。その場合、広義の不良債権残高(d)は約7・6兆元（約152兆円）、同比率(f)は3・8%となる。日本円に換算すれば、150兆円超の不良債権（広義）が積み上がっていることになる。

比較のため、日本の「全国銀行」の不良債権比率は、直近5年（2018〜2022年度）は1・1〜1・2%で推移している。

日本の金融危機時、不良債権比率のピークは主要行で8・4%（2002年3月期）。一般に、金融システムの健全性の目安は、不良債権比率「3〜4%程度」とよくいわれている。

不良債権比率でいえば、現在の中国の金融システムは、総じて健全性は維持されていると評価されよう。

他方、金額ベースでみると、日本金融危機時の不良債権残高（41・6兆円、2002年3月末）の4倍近い規模になる。現在の中国GDP規模は日本の4倍超に達しており、単純比較はできないが、金融システム全体の安定は維持できているとしても、不良債権のプレッシャー自体が相当大きいことはまちがいない。

ここで注目したいのは、不良債権のプレッシャーは大きい一方で、リスクバッファーもかなり手厚い点だ。当期純利益(A)と貸倒引当金(B)の合計(C)は約9兆元（約180兆円）という水準だ。これは、広義の不良債権残高(d)約7・6兆元（約152兆円）を大きく上回っている。

足もとで高い収益が確保できていることに加え、不良債権残高(b)の2倍超の引当金を準備することにより、仮に不良債権水準が多少上振れたとしても、そのリスクを吸収できる財務基盤を有しているといえよう。

それに加え、最終的なリスクバッファーとなる自己資本も非常に高い水準にある。自己資本比率(E)は14・8%で、これは日本の3メガ平均（連結ベース14・4%）を上回る。G-SIBs（グローバルなシステム上重要な銀行）大手23行の平均自己資本比率10・1%も、大きく上回っている。

このように、**中国の金融システム全体でみると、当期純利益、貸倒引当金、さらには自己資本と、多層的かつ手厚いリスクバッファーを保有することで、大きな不良債権リスクに備えている**ことがわかる。

3 300兆円規模の不良債権処理
――日本の金融危機時の約3倍の規模

次に注目したいのは、**中国が不良債権処理を積極的に進めている**ことだ。図表5－3は、中国「全国商業銀行」の不良債権処理の推移を時系列で整理したものだ。データについては、習近平政権が発足した2012年以降で可能な限り遡及してみた。

不良債権処理額（直接償却）は、直近5年間（2019～2023年）で、累計約14・5兆元（300兆円弱）に達しており、日本の金融危機時の不良債権処理の累計額（約100兆円）の約3倍の規模である。こうした対応により、結果的に、不良債権比率も低位に抑制されていることがわかる。

もう1つの特徴は、**不良債権化した貸出資産の積極的な直接償却に加えて、「不良債権予備軍」である要注意債権等の貸倒れリスクにも備えるため、手厚い貸倒引当金を積んでいる**点だ。

中国の金融監督でよく使われる概念に、「貸倒引当金カバー率」というものがある。この指標は、「貸倒引当金残高／不良債権残高」で計算されるが、全体として2倍超の水準が確保されている。要するに、現在の不良債権額が2倍になっても貸倒引当金の取崩しで対応できる、という意味だ。

■ 図表5－3　中国「全国商業銀行」の不良債権処理の推移

年	自己資本比率（%）	不良債権残高（兆元）	不良債権処理額（兆元）	不良債権比率（%）	要注意債権残高（兆元）	貸倒引当金カバー率（%）
2012	13.3	0.5	－	0.95	－	295
2013	12.2	0.6	－	1.00	－	283
2014	13.2	0.8	－	1.25	2.1	232
2015	13.5	1.3	－	1.67	2.9	181
2016	13.2	1.5	－	1.74	3.4	176
2017	13.6	1.7	1.4	1.74	3.4	181
2018	14.2	2.0	1.9	1.83	3.5	186
2019	14.6	2.4	2.3	1.86	3.8	186
2020	14.7	2.7	3.0	1.84	3.7	184
2021	15.1	2.8	3.1	1.73	3.8	197
2022	15.2	3.0	3.1	1.63	4.1	206
2023（9月末）	14.8	3.2	3.0（12月末）	1.61	4.4	207

出典：中国・国家金融監督管理総局公表データ等から筆者作成

中国の銀行は、こうした不良債権処理と貸倒引当金の巨額のコストを一体どうやって賄っているのだろうか。不良債権を処理すれば、償却分は損失となり、貸倒引当金を積み立てれば、繰入分は損失となる。このような会計処理を続ければ、多額の損失が発生し、銀行は大赤字になり、経営を維持できない。

中国の銀行は、なぜこのような離れ業が可能なのか。それは政策金利（Loan Prime Rate：LPR）水準がなお3～4%あること、また規制金利時代のなごりもあって、これまで厚い利ザヤが確保されてきたためだ。

年初に政策金利の利下げもあった

2023年においても、全国商業銀行の利ザヤは1・73％（1～9月期）となっている。これは現在の日本の国内銀行（110行）平均0・27％（2023年9月末）の約6・4倍、日本の金融危機時の水準である0・57％（1999年）の約3倍に相当する水準だ。

中国においては銀行の高い収益性と厚いリスクバッファーに支えられた財務基盤が、結果的に大量の不良債権リスクの顕在化を抑制し、金融システム全体の安定に寄与しているといえる。

④ 信用秩序維持に向けた制度整備

中国では、マクロレベルでの金融システム安定化に向けて、前述した不良債権の処理、銀行の財務基盤の強化等に加えて、信用秩序維持のための関連制度の整備も含めた総合的な対策が進められている。

そのなかから、特に注目すべき代表的な取組みを紹介したい。

(1) 金融安定保障基金

2022年4月、中国の金融システム安定化の司令塔である中国人民銀行は、「中華人民共和国金融安定法」のパブリックコメント案を公開した。

この法案は、マクロレベルでの金融システム安定化を図るための総合的な枠組みを整備する内容だ。

- 銀行に加え、証券・信託・保険・金融持株会社等もカバーする業界横断的な統一的枠組みを整備
- 政府内の金融関連7部門から構成される「国家金融安定発展統括協調メカニズム」を設立
- 重大な金融リスクに対応する予備的な資金として、「金融安定保障基金」を設立（筆者注：既存の「預金保険基金」や「業界保障基金」とも併存させる建付け）

なお、当初案では、リスク処理時の資金源の使用順序（①自助→②買収・合併・再編→③預金保険・業界保障基金→④地方政府→⑤金融安定保障基金）も規定する内容であった。すなわち、自助、業界内支援、さらには地方政府でも手に負えない場合の最終手段として、中央政府が「金融安定保障基金」を活用して、何としてでも金融システム安定化を図る仕組みが構想されていたが、その後の法案審議の過程で、この部分は削除されている。

リスク処理ツールとしては、日本の金融危機時にも活用された次の手法等が規定される予定である。

- 処理対象の金融機関の経営管理権の行使
- 第三者機関への一部または全部の業務・資産・負債の譲渡
- ブリッジバンク（承継銀行）等の設立

- 有責経営者等の報酬返還
- 減資・DES（デット・エクイティ・スワップ）の実行
- 海外送金の中止・海外資産の回収等

なお中国は、党中央の方針に基づき、政府（国務院）決定等により、機動的にマクロ経済政策を実行することが可能な国ではあるが、いざ「法律」制定となると、日本以上に時間をかけて慎重に議論を行う傾向がある。この金融安定法案も、パブリックコメント案公表から2年以上が経過するものの、執筆時点（2024年7月）においては、いまだに全人代（全国人民代表大会、日本の国会に相当）において審議中の段階だ。議論の最大のポイントは、金融安定保障基金の原資集めをどうするか、のようだ。

近い将来には法制化が実現すると見込まれる。金融システミックリスクが発生した場合の対応が、より制度的に秩序立って実施されることが期待される。

(2) 金融監督機構の再編
——「中央金融工作委員会」20年ぶりの復活が意味する歴史の教訓

2023年3月、全人代において、金融監督機構の大規模な改編が承認された。この機構改革は次のとおり大規模かつ複雑な内容だが、金融監督について党中央主導が強化されたことがポイントだ

（図表5－4）。

①党中央に「中央金融委員会」および「中央金融工作委員会」を設置
・金融監督に関する党中央主導を強化
・これまで金融分野の統一的調整を担ってきた、国務院の「金融安定（穏定）発展委員会」は廃止

②国務院の直属機構として「国家金融監督管理総局」を設立
・これまでの「中国銀行保険監督管理委員会（China Banking and Insurance Regulatory Commission：CBＩRC）」は廃止・改組

③地方金融の監督管理体制の強化
・中央金融監督部門の地方機関を中心として、地方金融の監督管理体制を確立
・地方政府が設置した金融監督管理機構は、監督管理業務に特化（事実上の機能縮小）

④中国人民銀行の地方支店の整理統合
・31省（自治区・直轄市）に省レベルの支店を設立
・深圳市、大連市、寧波市、青島市、厦門市には市レベルの支店設立
・市・県レベルの支店は廃止

今回の金融監督機構の大再編は、アジア通貨危機（1997年）後に、高度経済成長中の中国が直

■ 図表５－４　金融監督機構再編――「中央金融工作委員会」20年ぶりの復活が意味する歴史の教訓

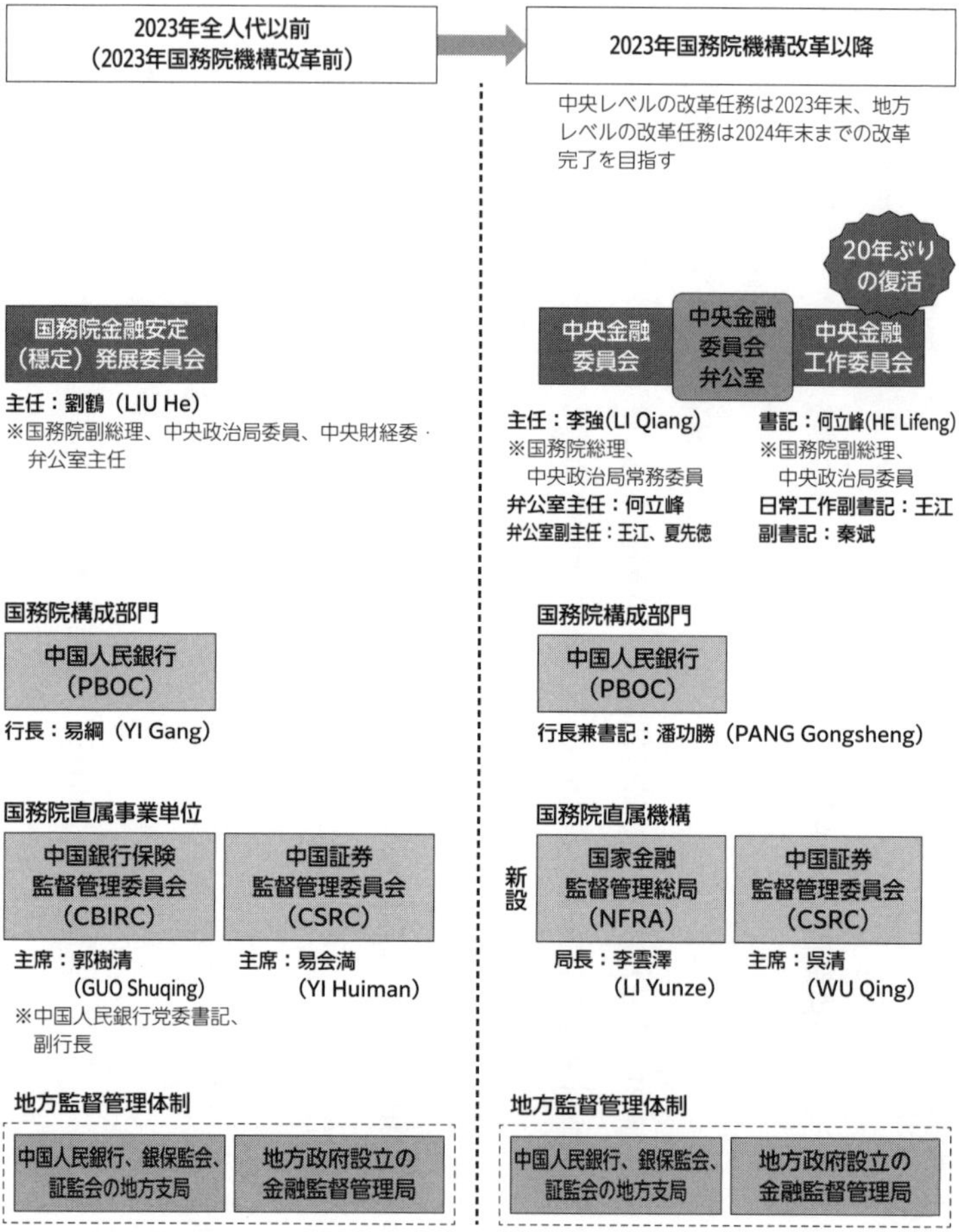
2023年全人代以前
（2023年国務院機構改革前）
2023年国務院機構改革以降
中央レベルの改革任務は2023年末、地方レベルの改革任務は2024年末までの改革完了を目指す
20年ぶりの復活
国務院金融安定（穏定）発展委員会
主任：劉鶴（LIU He）
※国務院副総理、中央政治局委員、中央財経委・弁公室主任
中央金融委員会
中央金融委員会弁公室
中央金融工作委員会
主任：李強(LI Qiang)
※国務院総理、中央政治局常務委員
弁公室主任：何立峰
弁公室副主任：王江、夏先徳
書記：何立峰(HE Lifeng)
※国務院副総理、中央政治局委員
日常工作副書記：王江
副書記：秦斌
国務院構成部門
中国人民銀行（PBOC）
行長：易綱（YI Gang）
国務院構成部門
中国人民銀行（PBOC）
行長兼書記：潘功勝（PANG Gongsheng）
国務院直属事業単位
中国銀行保険監督管理委員会（CBIRC）
主席：郭樹清（GUO Shuqing）
※中国人民銀行党委書記、副行長
中国証券監督管理委員会（CSRC）
主席：易会満（YI Huiman）
国務院直属機構
新設
国家金融監督管理総局（NFRA）
局長：李雲澤（LI Yunze）
中国証券監督管理委員会（CSRC）
主席：呉清（WU Qing）
地方監督管理体制
中国人民銀行、銀保監会、証監会の地方支局
地方政府設立の金融監督管理局
地方監督管理体制
中国人民銀行、銀保監会、証監会の地方支局
地方政府設立の金融監督管理局

（注）　※は業務する役職
出典：各種報道より筆者作成

面した深刻な金融危機の経験と教訓が反映されているように思う。その象徴が、「中央金融工作委員会」の20年ぶりの復活だ。中国にとって、金融システム安定化が現下の最重要課題であることの証左であろう。

今から四半世紀前の1998年、江沢民政権下の時代、党中央にまったく同じ名前の委員会が設置された歴史がある。便宜的に、1998年に設置された方を「(旧)中央金融工作委員会」と呼ぶことにしたい。日本においても、山一證券、拓銀、長銀・日債銀の破綻など、金融危機が深刻化していた時期だ。この史実は大変示唆に富むものであり、まずはそれを簡単に振り返ってみたい。

この(旧)中央金融工作委員会のトップは、温家宝副首相(当時。その後、胡錦涛政権下で国務院総理に昇格)であった。メンバーには、戴相龍・中国人民銀行行長など、金融・財政・為替等の関係者が就任。まさに金融システム安定化に向けて、オール党・政府体制を敷いた布陣だった。

この委員会は、2003年に解散するまで5年間活動した。当時、中国は既に高度成長を驀進していたが、その経済規模はまだ日本の4分の1程度。アジア通貨危機の影響も大きく、当時の4大国有銀行(中国建設、中国工商、中国、中国農業銀行)を含む銀行の膨大な不良債権問題に悩まされていた。

問題解決のためには、金融・財政部門をはじめとして、政府全体にまたがる広範かつ複雑な調整を行う機関が必要であり、党中央による強力な指導体制を確立し、部門横断的に対処することが求められていた。

そこで、1997年11月に「全国金融工作会議」を開催し、金融分野への党中央の指導体制を強化した。(旧)中央金融工作委員会は、まさにその実務の中核を担うことがミッションだった。

その後、1999年には、4大国有銀行の不良債権処理のため、不良債権の洗い出し(5分類の実施)を徹底するとともに、不良債権のオフバランス化の受け皿となる国有の資産管理会社(Asset Management Company：AMC)を設立した。

AMCは、設置期限10年(その後、買取期限は2006年末に短縮)とされ(後に、AMCは不良債権処理だけではなく、金融関連ビジネスにも参入するようになり、現在も存続)、簿価ベースの買取総額は1・4兆元(約28兆円)にも達する巨額の規模だった。その財源には、外貨準備の活用や特別国債の発行など、特例的な手段が用いられた。

このような大規模な施策にもかかわらず、2000年以降も不良債権問題は収まらず、4大国有銀行の不良債権比率は25%(2003年)にまで上昇した。こうした深刻な金融システムの不安定化に対応するため、中国は金融部門の機構改革を行う。

2002年には、中国人民銀行から銀行や保険の監督機能を切り離し、銀行業監督管理委員会(銀監会、CBRC)、保険業監督管理委員会(保監会、CIRC)を国務院直属事業単位として独立させた。

さらに、2003年には、重点銀行に対する資本注入を行う国家基金「中央匯金投資有限公司」を設立。主に外貨準備を財源とし、中国銀行、中国建設銀行、中国工商銀行等に600億ドル以上の資本注入を行った。

今回の**金融監督機構再編が、20年前の中国の金融危機時と相似している**ことがおわかりいただけるだろう。

過去の経験と教訓も活かしつつ、金融システム安定化を国家的課題と位置づけ、党中央の権威と指導力を最大限強化し、問題解決に党中央がしっかりコミットしていく強い決意が伝わってくる。

(3) 不良債権取引市場の構築 ——不良債権オフバランス化とリスク流動化のための環境整備

中国は、金融システム安定化に向けて、前述したような大きな制度的枠組みの整備に加えて、実務的なレベルでもさまざまな取組みを行っている。

その代表例として、2021年からスタートした「銀行業信貸資産登記流通中心」という機関を紹介したい。

この施策の目的は、**中国国内における不良債権の流通市場の形成**だ。

この機関は、不良債権をオフバランス（譲渡）したい金融機関と、従来から不良債権の受け皿の機能を果たしてきたＡＭＣの不良債権売買をマッチングする取引所となる機能が期待されている。

現在はまだパイロット段階ということであるが、持込み金融機関の対象範囲も、当初の大手国有銀行＋株式制銀行から、２０２３年からは一部都市商業銀行や農村金融機関にも拡大されたようだ。

この機関経由で取引された債権は、２０２３年の1年間で、都市商業銀行で約10億元（約２００億円）、農村金融機関で約12億元（約２４０億円）の規模にのぼっている模様だ。

一般に、中小金融機関の小規模な不良債権はバルクセールで売買されることも多く、債権元本額の数パーセントから数割程度の時価で取引されることが多い。

日本の金融危機時にも、債権流動化を図るためのＳＰＣ法や、不良債権買取りや事業再生を行うサービサーや事業再生ファンドに関連する制度整備が進んだが、中国も同様の対応に迫られていると考えられる。

中国の特徴として、アジア金融危機後の歴史的経緯もあり、**ＡＭＣは、大手国有銀行の実質子会社が多い**ことがあげられる。このため、不良債権仲介機関が有効に機能すれば、地方の不良債権リスクを、経営基盤が強固な大手国有銀行に社会的に移転させていくことも可能となる。

２０２４年の年初には、中国・農業・建設系の不良債権ＡＭＣを政府系ファンド中国投資有限責任公司（China Investment Corporation：ＣＩＣ）に合併させるとの報道も出た。

たとえば、地方性銀行が保有する地方デベロッパー等の不良債権を、大手国有銀行系のサービサーが取得すれば、「保交楼」政策で住宅引渡し義務を負いつつも、資金調達が厳しい地方デベロッパーの資金繰りを、大手国有銀行のグループ会社であるＡＭＣが裏で支えることも可能だ。

中央銀行である中国人民銀行も、こうした不良債権流動化を金融政策面から支援している。 ２０２２年1月に導入された「構造的金融政策手段」という不動産市場のテコ入れ策が代表的だ。

そのなかには、「不良化した不動産開発プロジェクトに対する再貸出制度」が含まれている。「金融ＡＭＣ」が、不動産会社から不良債権化した不動産開発プロジェクトを買い取った場合、一定の条件のもとで、中国人民銀行が購入資金の50％を低利（1・75％）で金融ＡＭＣに再貸出する制度だ。再貸出限度額は、２０２３年の1年間の時限措置ながら、８００億元（約1・6兆円）の枠が用意されている。

不良債権の元本ベースで考えれば、その何倍もの不良債権取引が可能となる。金融政策の枠内ではあるが、不動産関連の不良債権流動化への大きなインセンティブといえる。本措置の期限延長についても、現在の中国の状況を踏まえれば、弾力的に実施されることが見込まれる。

このように、金融市場の市場メカニズムを利用して、不良債権処理を進めていくための環境整備も、引き続き継続していくものとみられる。

マクロ的にみた中国の金融システム全体は、総じていえば、既にリスクへの相応の備えと大規模な不良債権処理を進めているといえよう。 現状では、「不動産バブル崩壊→地方債務危機→金融危機」

というシナリオは考えにくい。

むしろ現実的に差し迫った問題は、ミクロレベルでの個別金融機関の破綻や、疲弊した地域の地方金融システムが局所的に不安定化することだ。

こうしたミクロレベルの問題についても、地方政府を巻き込んで、既にさまざまな政策対応が行われている。

第6章

中国の金融システム《地方金融編》

1 問題の個別解決が必要な地方金融

前章では、中国の金融システム全体の健全性について分析した。不動産市場の低迷による不良債権リスクは巨額な一方、厚い備え（リスクバッファー）と積極的な不良債権処理によって、金融システムは全体として健全性を維持できているといえよう。また、信用秩序維持に向けた制度的整備も進めていることも紹介した。

ただ、これまで繰り返し述べてきたように、現在の中国における不動産市場や地方債務問題のリスクは、経済脆弱地域に集中している。

いくら中国全体の金融システムが健全性を維持していても、一部の地方金融システムに深刻な問題が生じれば、中国全土に問題が波及し、国全体の信用秩序が維持できなくなるおそれもある。加えて、**地方経済の混乱回避は、中国共産党中央が最も重視する統治の観点から重要な課題**だ。

日本においても、2004年に栃木県・足利銀行が経営破綻した際には、地域経済と信用秩序への影響を考慮し、金融再生法に基づく一時国有化の措置を講じている。GDP国内上位の経済大県で50％超のシェアをもつ大地方銀行の破綻は、地域経済に壊滅的な影響を与える可能性があったからだ。

日本の金融危機当時、筆者の柴田は金融庁銀行第二課総括補佐として、足利銀行の破綻処理等を担当した。国有化措置は足利銀行が唯一の例だが、当時は当局主導で次のような対応がとられた。

- 金融機関自身の自助努力による経営改善（増資、合併統合、収益性向上策等）
- 個別問題行の破綻処理（預金全額保護を前提とした破綻処理、経営責任追及等）
- 公的資本注入（財務基盤強化と計画的な経営再建等）
- 金融監督強化（検査マニュアルに基づく個別資産査定、不良債権の引当・償却等）

地方金融システムの安定確保は、地域の実情に応じて、個別に問題解決する必要がある。その意味では、国全体のマクロ金融システムとは別次元の困難さがあり、まさに金融当局の腕の見せどころだ。

こうした地方金融ならではの金融監督テクニックは、中国もまったく変わらない。

2023年12月の中央経済工作会議でも、解消すべき重点分野リスクとして、①不動産、②地方債務と並んで、③中小金融機関が列挙された。その前月に行われた、金融街フォーラムにおける中国人民銀行の潘功勝行長の講演でも、これら3つの金融問題に対する認識や具体的対応方針が語られている。

本章では、中国が地方金融や中小金融機関のリスクにどのように対処しているのかを詳しくみていきたい。

2 ガバナンス問題行の個別破綻処理事例
――治安維持のための非常措置と責任追及

中国の地方性銀行の経営破綻は、2019年以降、中国各地で断続的に発生してきた。これらの経営破綻は、不正経営など、個別金融機関の経営ガバナンス問題が主たる原因となっている。地方性銀行を舞台とした不正経営事例は、判明しているだけでも複数例発生している。

まずは、こうしたガバナンス問題行の個別破綻処理の代表的事例を3つ紹介したい（図表6－1）。

(1) 包商銀行（2019年5月、内モンゴル自治区）

近年の地方性銀行破綻第1号となったのが、2019年5月、内モンゴル自治区を拠点とする都市商業銀行「包商銀行」の破綻騒ぎだ（注：中国の銀行破綻は、1998年の海南発展銀行以来21年ぶり）。

当時、包商銀行の経営破綻のニュースは、日本国内でも「いよいよ中国の金融危機が地方から始まった」として盛んに報じられた。

経営破綻の原因は、地元経済の悪化に伴う不良債権増加の影響も大きかったが、明天グループ経営

■ 図表６－１　ガバナンス問題行の個別破綻処理の事例

銀行名	時期（地域）	概要
包商銀行	2019/５（内モンゴル自治区）	●巨額の資金流用による経営危機が発覚。2019年５月、中国人民銀行および銀保監会は、包商銀行を１年間の公的管理に置くと発表。全額保護の対象とならない5,000万元を超える法人預金については、債権者と協議する方針を発表。その後、破産処理申請を経て、2021年２月に裁判所が破産を宣告。
河南省村鎮銀行４行（禹州新民生村鎮銀行、上蔡恵民村鎮銀行、柘城黄淮村鎮銀行、開封新東方村鎮銀行）	2022/７（河南省）	●村鎮銀行４行（禹州新民生村鎮銀行、上蔡恵民村鎮銀行、柘城黄淮村鎮銀行、開封新東方村鎮銀行）の経営破綻が発生。2022年４月に突然現金引出しと送金ができなくなり、同年７月に預金者による大きな抗議活動が発生した。被害総額は400億元以上。 ●中国政府は収束を図るため、金融犯罪に関わった関係者234人を逮捕し、預金者へ被害額の一部補償を行った。
遼寧省２行（遼陽農村商業銀行、遼寧太子河村村鎮銀行）	2022/８（遼寧省）	●2021年３月に遼陽農村商業銀行の元総裁である姜冬梅氏が300億元以上の収賄および不正融資の疑いで逮捕。 ●2022年８月４日、破綻発覚前に地元大手の瀋陽農村商業銀行が遼寧省２行（遼陽農村商業銀行および遼寧太子河村村鎮銀行）の業務を全面的に引き継ぐ旨を発表。同月26日、破産申請が正式に承認された。

出典：各種報道より作成

者（肖建華）による巨額の銀行資金流用（総資産4000億元に対し1560億元の着服）が主因であった。

包商銀行は、1998年に包頭市商業銀行として設立され、その後、2007年に改称した。内モンゴル自治区の首都に設置された、典型的な都市商業銀行といえる。

当時、包商銀行は内モンゴル自治区最大の地方性銀行（都市商業銀行）で、総資産は約7兆円（当時のレート換算）。日本でいえば地銀上位行に匹敵する規模だった。

全国ランキングでも、中国全土30～40位に位置する中堅地方性銀行のポジションにあった。もともとは包頭市の地方政府系企業が大株主だったが、その後、株式の約9割を「明天集団」が取得した。

明天集団は、香港を拠点とする100社近い中国企業を傘下にもつ投資コングロマリットだった。経営者の肖建華は、中国各地の金融、ネット、不動産等の企業を買収し、急成長していた。包商銀行はその買収先の1つであったが、明天集団が買収した後は、地元の内モンゴル自治区以外にも、寧波、深圳、成都、北京など中国全土に支店展開を行い、急速な事業拡大を図っていた。

2019年5月、中国人民銀行は、包商銀行に「深刻な信用リスクが生じた」として、同行を1年間の公的管理下に置く措置を発表した（**図表6－2**）。

いわゆる**「国有化」の措置**である。預金者による取りつけ騒ぎや金融不安の拡大を防止するため、個人預金は全額保護された。

■ 図表６－２　旧「包商銀行」の公的管理措置の概要

- 2019年５月24日、中国人民銀行（PBOC）と中国銀行保険監督管理委員会（CBIRC）は、包商銀行株式有限公司（本店：内モンゴル自治区包頭市。以下、包商銀行）に「深刻な信用リスクが生じたため」、同行を公的管理下に置く（期間１年）と表明。

1．公的管理期間
2019年５月24日～2020年５月23日

2．公的管理の枠組み
PBOCとCBIRCが関連部門と協力して、接収管理組織（「接管組」）を立ち上げ。
主任（組長）：周学東（PBOC弁行長主任、前金融安定局長）
副主任（副組長）：李国栄（CBIRC幹部、元四川省銀行保険監督管理局副局長）

3．公的管理のイメージ
５月24日より、接収管理組織は包商銀行の経営管理権を全面的に行使し、同行の業務を中国建設銀行に委託する。

出典：キヤノングローバル戦略研究所　岡嵜久実子「中国・包商銀行に対する公的管理実施について」より作成

その後、大口法人預金のカット、経営者（肖建華）の責任追及（２０２０年11月に死刑判決）等などの破綻処理が進められ、２０２０年には承継銀行となる「蒙商銀行」を新設し、業務引継ぎに必要な事業譲渡を行った。

最終的に、包商銀行は破産宣告を受けて消滅している。

(2) 河南省村鎮銀行（２０２２年7月、河南省）

２０２２年春から夏にかけて問題化したのが、河南省の農村部にある村鎮銀行４行の経営破綻だ。急に預金引出しや送金ができなくなり、被害総額は４００億元（約８０００億円）以上にのぼった。

村鎮銀行の破綻は、金融当局の監督の目が行き届きにくい、**零細な農村金融機関を悪用した、不正な乱脈**

経営が原因だった。村鎮銀行の看板を利用し、インターネットを利用して、高利回りを謳った金融商品を広域で販売し、違法な資金集めを行う大規模詐欺が行われていたのが実態だった。

預金者たちの怒りは爆発し、省都の中国人民銀行鄭州支店前で、1000人規模の大規模な抗議活動にまで発展した。事態収束のため、金融当局主導で、預金元本の立替え払い等を実施することで事態の鎮静化を図った。同時に、金融犯罪に関わった関係者234名を逮捕するなど、徹底した責任追及も実施している。

まさに、中国共産党中央が最もおそれる、金融不安が統治を揺るがす事態となった事例といえよう。

(3) 遼寧省中小銀行(2022年8月、遼寧省)

2022年8月、遼寧省の中小銀行2行(遼陽農村商業銀行、遼寧太子河村村鎮銀行)が経営破綻した。主因は、経営者(海外逃亡を図るも逮捕されて中国に送還)による収賄や不正融資などの違法経営だった。

これら2行については、破綻発覚前に、**地元大手の瀋陽農村商業銀行が業務を全面的に引き継ぐ旨を公表し、地方金融システムの混乱を回避**している。実際のところ、こうしたガバナンス問題行は、大なり小なり中国各地に存在しているだろう。

包商銀行の一件は、中国で久々の銀行破綻だったこともあり、当時は「今後も銀行破綻が続くのではないか」との金融危機の憶測も広がった。

しかし、当時から5年超が経過したが、現状では公的管理が適用された事例は本件のみとなっている。中国国内において、本件は、あくまで極めて特殊な例外的位置づけに整理されている。

金融危機前の日本がそうだったように、銀行破綻への対応は個別かつアドホックな手法が中心だった。これらの事例は、金融安定法の制定など、より制度的な対応が本格化する契機になったと考えられる。

3 地方性銀行の合併再編の推進
──経済基盤脆弱地域の「1省1行」構想

金融当局にとって、合併再編は、金融システム安定化のための伝統的かつオーソドックスな手法といえる。中国においても、**財務基盤の脆弱な中小規模金融機関を中心に、合併再編の推進**が図られている。

実際、同一地域内の主要な地方性銀行が合併する動きは、2020年以降加速している。代表的事

■ 図表6－3　近年における中国の地方性銀行の合併再編

時期（地域）	再編の内容
2020/11（四川省）	攀枝花市商業銀行および涼山州商業銀行が合併し、都市商業銀行の「四川銀行」が誕生。資本金は300億元と当時の地銀では最大規模となった
2021/1（遼寧省）	遼寧省は省全体をカバーする大型地銀の創設を検討し、省内にある地銀15行のうち12行を統合する計画を国務院（中央政府）金融安定発展委員会に提出した。12行が合併し、「遼瀋銀行」が誕生した
2021/4（陝西省）	西安市の秦農農商銀行が、市内の2行（鄠邑農商銀行、長安区農村信用組合）との吸収合併を実施
2021/4（山西省）	山西省の5行が合併し、「山西銀行」が誕生。山西省政府は2020年12月にインフラ債券（専項債）を発行して153億元を調達し、山西銀行に注入する公的資金に転用

出典：各種報道より作成

例として次の4つを紹介したい。

①四川銀行（2020年、四川省の都市商業銀行2行が合併し、最大規模の地銀として誕生）
②遼瀋銀行（2021年、遼寧省内の12行が合併し誕生）
③秦農農商銀行（2021年、陝西省西安市の2行を吸収合併）
④山西銀行（2021年、山西省内の5行が合併し誕生）

いずれも経済・財政基盤の脆弱な東北部・内陸部の地方性銀行である（図表6－3）。特に、遼寧省や山西省の事例は、日本で戦時中に提唱された「1県1行」構想ならぬ、「1省1行」構想を想起させる。

不動産市場が低迷し、地方債務問題の深刻な地域において、地方金融システム安定の観点から、当局主導の合併再編が強力に進められていることは明らかだ。

また、中国の金融機関総数の約36％を占め、中国全土に1642行（2023年6月末）も存在している、小規模な地方金融機関「村鎮銀行」の統合再編の動きも活発化している。

図表6－4は近年の村鎮銀行の統合再編の動きをまとめたものだが、やはり、経済基盤が脆弱な東北部・内陸部での合併統合が圧倒的多数を占める。

金融当局および地方政府が主導となり、財務基盤が弱体化した地方性銀行を、比較的体力のある地元大手の地方性銀行に吸収合併させ、地方金融システムと経済の安定を確保することを目的としている。日本の金融危機時にも、全国で数多くみられた手法である。

変わり種としては、外資大手のオーストラリア・ニュージーランド銀行（ANZ）が出資していた、重慶市の村鎮銀行の解散という事例もある。オセアニア地域の有力銀行であるANZが、なぜ重慶市の村鎮銀行に出資したのかは不明だが（まったくの推測ではあるが、中国市場参入にあたっての条件だった可能性もある）、こちらは合併ではなく、解散および完全撤退となっている。外資のマイナー出資が地方金融システムに与える影響は限定的と判断されたのだろう。

■ 図表６－４　近年の村鎮銀行の統合再編の動き

時期（地域）	村鎮銀行名	形態	内容
2022/ 4（寧夏回族自治区◆）	平羅沙湖村鎮銀行	解散	寧夏平羅農商銀行による吸収合併（統合）
2022/ 7（河北省）	武強家銀村鎮銀行	解散	張家口銀行による合併
2022/ 7（河北省）	阜城家銀村鎮銀行	解散	
2022/12（雲南省◆）	禄富竜城富滇村鎮銀行	再編	富滇銀行による吸収合併（統合）
2023/ 1（黒竜江省★）	黒竜江巴彦融興村鎮銀行	解散	ハルピン銀行による吸収合併（統合）
2023/ 1（黒竜江省★）	延寿融興村鎮銀行	解散	
2023/ 4（雲南省◆）	雲南昭通昭陽富滇村鎮銀行	解散	富滇銀行による吸収合併（統合）
2023/ 4（遼寧省★）	遼寧千山泉村鎮銀行	解散	鞍山銀行による吸収合併（統合）
2023/ 7（重慶市◆）	重慶梁平澳新村鎮銀行	解散	オーストラリア・ニュージーランド銀行（ANZ）が出資する外国法人の独資銀行。完全撤退。
2023/ 7（山西省◆）	堯都恵都村鎮銀行	未定	山西堯都農商銀行による吸収合併予定
2023/ 7（山西省◆）	太原信都村鎮銀行	未定	
2023/ 8（河北省）	石家庄新華恒升村鎮銀行	持分変更	浙江温州甌海農商銀行による持株比率の変更
2023/ 8（河北省）	承徳県恒升村鎮銀行		
2023/ 8（河北省）	平泉恒升村鎮銀行		
2023/ 8（河北省）	固安恒升村鎮銀行		
2023/11（広西チワン族自治区）	広西融水柳銀村鎮銀行	解散	柳州銀行による吸収合併（統合）
2023/11（内モンゴル自治区◆）	霍林郭勒蒙銀村鎮銀行	解散	内モンゴル銀行による吸収合併（統合）
2023/12（北京市）	北京大興華夏村鎮銀行	解散	華夏銀行による吸収合併（統合）

（注）★：東北部、◆：内陸部
出典：各種報道より作成

④ 財務基盤が脆弱な地方性銀行への資本注入

――地方政府は地方債発行で財源調達

経営破綻に瀕した地方性銀行への対応については、前述した**例外的な個別救済措置や合併再編に加え、大手国有銀行や地方政府等から資本注入を行って救済する事例も多くみられる**（図表6－5）。

２０１９年に包商銀行が破綻した直後、東北部の地方性銀行である錦州銀行（遼寧省）や吉林銀行（吉林省）でも経営不安が発生した。これらの事案については、包商銀行のような一時公的管理（国有化）ではなく、資本注入で財務基盤を強化し、経営破綻を回避する手法が採用されている。

日本の金融危機の経験でいえば、１９９８年の主要行や一部地銀への一斉資本注入、２００３年のりそな銀行への資本注入に近いイメージだ。

筆者自身の金融危機対応の経験に照らせば、資本注入の道が選択された理由としては、次のような事情が揃っていたからではないかと推測する。

・不良債権の増加など、財務悪化の兆候が早い段階で把握されていたこと。そのため、財務基盤強化策を前広に検討・調整することが可能だったこと。

・当該銀行が経営破綻した場合は地域経済へ深刻な影響があり、政治的にも混乱回避が優先され

■ 図表6－5　中国における地方性銀行への資本注入の代表的事例

銀行名	時期（地域）	概要
錦州銀行	2019/6/10（遼寧省）	●不正融資や不良債権膨張で経営破綻した。2018年の財務諸表を開示できず、2019年に中国工商銀行が全額出資するファンドのほか、国有AMC 2社が出資する旨が発表され、救済した
吉林銀行	2019/6/17（吉林省）	●吉林省政府等を引受先として105億元の増資を決定
恒豊銀行	2019/8/9（山東省）	●2019年8月に山東省政府が接収。同年末に国有投資ファンドである中央匯金投資有限公司、山東省金融資産管理公司、シンガポールUOB銀行の共同出資で、300億元を注入し救済した
華融集団	2021/11/17（北京市）	●2021年11月に中信集団等より救済を受け、2023年に資金の返済を終える。社名を「中国中信金融資産」に変更 ●2021年1月に元董事長の頼小民が汚職等で死刑判決を受ける

出典：各種報道より作成

る事案であること。
・深刻な債務超過状態にはなく、資本注入で財務基盤を強化すれば、経営再建が可能だったこと。
・不正経営等の経営責任問題が比較的軽微であったこと（公的支援の障害が少ないこと）。あるいは、有罪判決等により経営責任のケジメが完了していること。

これら初期の対応事例は、**地方性銀行救済のモデルケースになった**と考えられる。

ただ、その後、中国各地で同様の問題が発生するなかで、中国国内でも、地方性銀行に対する公的支援の考え方が徐々に整理されてきている。

すなわち、銀行自身の自助努力、銀行業

界内の相互扶助だけで問題解決が難しい場合には、次のような優先順位で対応がなされる。

①地方性銀行の救済は、まずは地元の地方政府が最大限努力すべき

②どうしても地方政府の手に負えない場合にのみ中央政府が出ていく

しかし、地方政府の財源は限定的であり、地方債務問題やコロナ対応で窮乏する地方政府も多かった。さらに、不動産市場の低迷もあいまって、地方財政は一層厳しい状況に陥っていた。

2020年7月、国務院常務会議は、もともと地方政府が開発プロジェクトの財源調達のために発行する「地方専項債」で調達した資金の一部を、地方性銀行への資本注入に充当できるように制度改正した。この仕組みを利用し、各地方政府は財源を調達し、地元中小銀行へ資本注入を実施するようになった。

中国人民銀行が公表している「金融政策執行報告」によれば、2020～2022年の3年間で、「資本注入枠」として合計5500億元（約11兆円）の資金規模が設定され、実際には次のとおり、計314機関へ、2704億元（約5兆4000億円）が資本注入されている。

- 2020年：33機関、506億元（約1兆円）
- 2021年：260機関、1594億元（約3兆2000億円）
- 2022年：21機関、604億元（約1兆2000億円）

その後の発行実績データ（2023年7月末）をみると、これまで地方専項債を発行した地方政府

数は23で、発行総額は4103億元（約8兆2000億円）。支援した金融機関数は延べ459機関にのぼっている。

発行額が多い地方政府は、①遼寧省（886億元：約1兆8000億円）、②甘粛省（426億元：約9000億円）、③内モンゴル自治区（362億元：約7000億円）となっており、経済基盤の脆弱な東北部・内陸部に集中している。

また、支援先金融機関（459機関）の内訳をみると、次のようになっている。

- 農村信用社（204社）
- 農村商業銀行（199行）
- 都市商業銀行（44行）
- 農村合作社（12社）

以上のデータから、主要な地方性銀行（都市商業銀行）に加え、農村部の零細金融機関の救済も数多く実施されている実態がみえてくる。

経済脆弱地域の地方性銀行は、不動産市場の低迷やデベロッパーの経営不振等で不良債権が増加し、財務基盤強化のための資本注入のニーズが高まっていることは明らかだ。

要請や相談する先は、自ずと地元地方政府や金融当局になる。

地方政府側にとっても、地元金融機関の存続は、地域の経済活動を維持するための生命線である。

ただ、助けたくとも、地方債務問題、土地使用権譲渡金収入の急落、コロナ対応の財源負担等により、資本注入の原資が確保できない場合も多い。そこで捻りだされた知恵が、「地方専項債」の活用だった。

とはいえ、地方専項債は地方債務そのものだ。銀行への資本注入が棄損すれば、地方政府にツケが回るだけでなく、政治責任に発展することも必至だ。

このように、**地方性銀行の経営問題は、実は地方債務問題とも深く結びついている。**

5 地方金融への監督強化
——中央政府主導で金融リスクを管理

金融システムの安定確保、経営不安を抱える地方性銀行への的確な対応を図るためには、「金融監督の監督強化」が重要テーマとなる。

2022年2月の中国共産党「二中全会」で決定された、「党と国家機関改革プラン（草案）」には、第5章で述べたように金融監督機構の大再編も盛り込まれている。加えて、金融部門人員の国家公務員化が決定され、給与等の優遇措置も見直されることとなった。

この発表を受けて、日本国内では、「金融監督も（政府から）党直轄になった」旨の報道も見受けられた。率直にいって、このような書き方はかなりミスリーディングと思われる。そもそも中国は、金融分野に限らず、党中央の指導が国政全般に行き渡る仕組みである。また、金融監督の実務を担う組織は政府内に引き続き置かれ、党に一元化されるわけではない。正確な解説としては、従来からの党と政府のデュアル体制は維持されつつも、「党中央が、金融監督管理について、よりダイレクトに指導できる仕組みに変わった」というのが適当だろう。

この金融部門の機構改革は一見大きなパッケージだが、3つの要素がミックスされている。すなわち、**「地方金融を含む金融監督の中央集権化」「行政改革」「金融分野の綱紀粛正」**だ。

筆者は、3つの要素のなかでも、特に「金融監督の中央集権化」に注目すべきと考えている。中国の地方金融の監督体制は、歴史的経緯もあり、中央政府と地方政府が並列する形となっていた。しかし、今回の機構改革では、次の方針が明確に打ち出されている。

- **地方金融の監督は、中央金融監督部門の地方機関が中心となる**
- **地方政府の金融監督管理機構は、監督管理業務に特化（事実上の機能縮小）**

中国は、なぜ今**「金融監督の中央集権化」を強化**する必要があるのだろうか。筆者は、真の狙いは**「地方金融システムの安定化」**にあると考えている。

筆者の柴田は、北京駐在や、中国金融当局との長年にわたる交流経験から、中国側が地方の不良債権問題をかなり以前から注視してきたことを知っている。

金融機関に対しては金融監督サイド、地方融資平台（ＬＧＦＶ）に対しては会計検査サイドの両面から、長い時間をかけて実態把握を進めてきているのはまちがいない。

地方金融システムの脆弱性の問題は、10年以上前から、中国国内でも重要な経済課題として繰り返し強調されてきており、また国際的にも度々指摘されてきたところだ。しかし、地方政府主体の監督体制では、組織のミッション、人材・リソースの面を含めて、実態把握や信用秩序維持のための対応にも限界があった。

このため、**党中央は、中央政府の金融当局の中堅幹部官僚を、地方政府の幹部に派遣**してきた。いわゆる「**金融副省長**」である（図表６－６）。

現地での監視や監督の強化、救済スキームの検討・調整、中央政府の金融当局との連携などが役目だ。ただ、地方の現場では、中央機関と地方政府の立場や権限の対立も多かったと想像される。

地方政府側にしてみれば、中央政府の人間が急に乗り込んできて、愉快なわけがない。長年にわたり地元で築き上げてきた、さまざまな既得権やリレーションを奪われる可能性もある。また、５年に一度の党大会（＝党人事）を前に、責任問題に発展しかねない自らの恥部やトラブルを顕在化させたくないという思いも当然あっただろう。

その意味で、「国家金融監督管理総局」を創設し、中央政府の一元管理とする金融監督体制を確立

■ 図表6－6　近年、中央政府から派遣された金融系地方幹部

所在地	氏名	現職	前職（金融副省長就任前）
北京市	殷勇	市委副書記	中国人民銀行副行長
上海市	呉清	市委常委、常務副市長	上海証券取引所理事長
天津市	劉桂平	市委常委、常務副市長	中国人民銀行副行長
重慶市	蔡允革	市委常委、組織部長	交通銀行監事長
河北省	葛海蛟	省委常委、常務副省長	中国光大銀行行長
吉林省	蔡東	省委常委、常務副省長	中国農業銀行行長
内モンゴル自治区	黄志強	自治区常委、常務副主席	中信集団副総経理
四川省	李雲沢	省委常委、副省長	中国工商銀行副行長
福建省	郭寧寧	省委常委、副省長	中国農業銀行副行長
遼寧省	張立林	省委常委、副省長	中国建設銀行副行長
河南省	陳舜	省委常委、組織部長	証券監督管理委員会
安徽省	丁向群	省委常委、組織部長	国家開発銀行副行長
貴州省	譚炯	省委常委、統戦部長	中国工商銀行副行長
湖北省	寧咏	省委常委、統戦部長	中国輸出入銀行副行長
山西省	呉偉	省委常委、宣伝部長	交通銀行副行長
山東省	劉強	省委常委、済南市委員書記	中国銀行副行長

出典：中国共産党新聞網（人民網）、新金融連盟NFA、衆議財経より筆者作成

することは、地方政府から激しい抵抗があったと想像され、政治的には高いハードルであったに違いない。

党中央からすれば、党大会が終了し、習近平3期目の体制が完成したことで、やっと長年の懸案を実行に移す政治的環境が整ったと判断したのではないか。

金融監督の中央集権化を実現するためには、中央政府（国務院）以上に、地方政府に対して権威や影響力を及ぼしやすい「党の指導力強化」というロジックを掲げざるを

えなかったのではないかと推察している。

実は、日本の金融危機でも似たような経験があった。

1998年の中央省庁改革の際に、地方分権拡大の流れにもかかわらず、金融危機の発火点となった信用組合問題を契機に、信用組合の監督を都道府県から国へ移管したことをご記憶の方も多いだろう。

従来の中国の金融監督手法は、各地方の実情に応じ、アドホックで個別案件処理に対応してきた。今後は、党中央および中央政府の関与のもと、全国統一的な仕組みが整備され、一定のルールに基づいた金融危機対応の確立を目指す動きが強まっていくように思われる。

筆者は、その当面のゴールとなっているのが、「金融安定法」の制定であると考えている（図表6－7）。2024年9月の執筆時点では未施行の状況にあるが、中国の金融システム安定に関する包括的な法制度が整備される日も近い。

■ 図表6－7　金融安定法案（2022年4月に公表された当初案）の概要

①銀行・証券・信託・保険・金融持株会社等の金融機関を対象とした、金融リスクの防止・解消・処理について定めた、業界横断的・統一的な金融安定に関する法制度

②重要な金融リスクの防止、解消、処理に係る活動の展開を指揮する責任を負う機関として、「国家金融安定発展統括協調メカニズム」を設立

中国人民銀行、発展改革委員会、司法部、財政部、銀保監会、証監会、外貨管理局で構成。同メカニズムは、金融安定に深刻な危害を及ぼす可能性がある重大な金融リスクを認定し、統一的に指揮して応急措置を展開し、処理方案を定める職責を担う。

③重大な金融リスクに対応する予備的な資金として、「金融安定保障基金」を設立

同基金は、金融機関、金融インフラ等から調達した資金および国務院が規定したその他の資金から構成され、必要に応じて、中国人民銀行からの公的資金による流動性支援も可能となっている。

（筆者注）「金融安定保障基金」は、既存の「預金保険基金」や「業界保障基金」とも併存させる建付け。

④リスク処理時の資金源として、以下の順序を規定※

i　再生破綻処理計画（RRP）に基づく資本補充等の自助
ii　市場からの資金収集による処理対象金融機関の買収合併再編
iii　預金保険基金、業界保障基金からの出資
iv　一定の場合には省級行政区レベルの地方政府による地方の公的資金動員
v　重大な金融リスクにより金融安定に危険が及ぶ場合は「金融安定保障基金」

⑤リスク処理ツールとしては、処理対象の金融機関の経営管理権の行使、第三者機関への一部または全部の業務・資産・負債の譲渡、ブリッジバンク等の設立、有責経営者等に対する報酬返還、減資・DES の実行、海外送金の中止、海外資産の回収等を規定

（注）※：その後の法案審議で④は削除された
出典：筆者作成

終章

中国経済が崩壊しない理由

ここまで、不動産市場の状況、地方債務問題と地方財政、不動産金融、金融システムなど、中国の「不動産市場と財政金融システム」に関する分析と考察を行ってきた。

終章では、これまでの分析を総括するとともに、中国不動産市場を巡る経済・金融の全体構造を明らかにし、中国経済のサステナビリティと今後の見通しについてまとめとしたい。

1 考察のポイント

(1) ポイント1 中国の不動産市場 ——低迷の本質は「都市間格差」と「世代所得格差」

中国の不動産市場の低迷は、次のように整理できる。

■不動産市場の回復には数年の調整期間が必要

恒大集団や碧桂園等の民営企業大手で経営危機。デベロッパー業界でも「国進民退」が進行。「保交楼」政策（住宅の完成・引渡し）の義務履行もあり、供給調整には相応の時間が必要。

■不動産リスクは、経済基盤の脆弱な地域に集中

不動産市況は、北京・上海のような1線都市では比較的安定的。他方で、東北部・内陸部の地方中小都市は非常に厳しい。

■日本のバブル崩壊とは様相が大きく異なる

東京を含め全国的に地価が急落した日本のバブル崩壊と異なり、地域間のまだら模様が特徴。不動産価格の下落幅も限定的。

■住宅需要低迷の背景に、若年層の雇用・所得環境の悪化

住宅一次取得層の人口ボリュームは約3億人と相応にあるが、高失業率、低所得の厳しい経済環境。

(2) ポイント2　中国の地方債務問題

──債務抜本処理ではなく、リスケや流動性供給で凌ぐ作戦

中国の地方債務問題は、次のように整理できる。

■中国の不動産市場と地方財政は深いリンケージ構造

土地使用権譲渡金収入は地方財政上の重要な歳入。「隠れ債務」とされる地方融資平台（LGFV）の有利子負債の存在も大きい。地方債務リスクは、不動産市場が低迷する経済・

財政基盤の弱い地域に集中。
■地方債務問題には、抜本処理ではなく、リスケや流動性供給等で対応
政府および金融部門によるリスケ、流動性供給等の手法で、時間をかけて軟着陸を図る戦略。

(3) ポイント3　中国の金融システム
──不動産リスクのプール機能を果たしつつ、全体は健全性保持

そして、中国の金融システムは、次のように整理できる。
■大手国有銀行が不動産リスクのダム機能
「保交楼」政策もあり、地方政府や大手国有銀行はデベロッパーの事業継続を財務面から支援。大手国有銀行は、子会社の資産管理会社（AMC）も活用し、不動産リスクを政策的にプール。
■金融システムは全体として健全性を保持（前掲の図表5－2参照）
不良債権額（広義）は約7・6兆元（150兆円超）と巨額だが、不良債権比率（広義）は3％台。リスクバッファーも厚く、収益性（利ザヤ）の高さに加え、引当金や中核的自己資本も高水準。積極的な不良債権処理（2019～2023年の5年間で15兆元（約300兆円）規模）により、不良債権比率は低位で推移。

■問題ある地方性銀行は個別解決
地方金融システムの脆弱地域は、ミクロで個別問題処理（破綻処理、合併再編、資本注入等）。

2 不動産市場と経済金融の全体構造を可視化する

近年、中国の不動産市場や地方債務問題を巡っては、中国現地はもちろん、日本や欧米など海外も含めた数多くの中国専門家やエコノミスト、ジャーナリスト等が、繰り返し分析・解説・報道してきている。

そのなかには、詳細な経済データや過去の国際的経験等に基づき、中国経済のリスクや脆弱性について、エビデンスベースで論じた高度な考察も非常に増えた。

ネットニュースなどでも、識者による「中国経済崩壊論」をよく目にする。筆者の柴田は中国経済ウォッチャーとして、かれこれ15年以上もそんな文章に接してきたが、仮にそうした見方が本当であるならば、中国経済は既に何度も崩壊していてもおかしくない。しかし、現実には一度もそうなっていないし、ピンチに直面しても何とか乗り越えてきている。

むしろエコノミストたちが問うべきは、「中国経済はなぜ崩壊しないのか」ということではないか。

確かに中国経済は、数多くの大きなリスクを抱えている。中国以外の国家であれば、とっくに崩壊してもおかしくないくらいの危機的状況なのかもしれない。それでもなお、中国経済が崩壊しないのはなぜなのか。危機を回避できるだけの特殊な経済構造や仕組み、メカニズム等が中国に存在するのではないか。

本書の考察の出発点には、それを自ら解き明かしてみたいという知的好奇心があった。

これまでの考察結果も踏まえ、仮説的に「**中国不動産市場を巡る経済・金融構造の全体像**」を整理した。

それが、図表7－1の「中国不動産市場を巡る経済金融マンダラ図」である。

このマンダラ図は、**中国不動産市場を中心に、中国の経済・金融の全体構造を可視化したものだ。**

少々複雑な図表だが、そのエッセンスは次のとおりである。

---

①中国GDPの約3割を占める不動産市場は、中国経済にとって中核的存在であり、経済成長の源泉

②主要な経済主体は、政策・ビジネス両面で、不動産市場に大きく依存

- 党中央・中央政府：経済政策上のみならず統治上も最重要分野（「保交楼」はその象徴）
- 地方政府：全歳入の約3分の1を占める貴重な財源供給元であり、地域経済の成長エンジン
- 金融機関：住宅ローンおよび不動産企業向け融資は、最重要ビジネス分野の1つ

③デベロッパー、LGFV、地方性銀行等の債務リスクは、資金繰り支援等を通じて政府・金融部門に蓄積

・「保交楼」政策や金融システム安定化のため、民間主体を資金繰りや債務肩代わり等で財務支援

・地方政府：地方債等で財源調達し、債務リスクを抱えるLGFVや地方性銀行を経営支援

・中央政府：関連制度整備や大手国有銀行の政策活用等を通じ、金融システム安定を確保

・大手国有銀行：中央政府に協力し、不動産企業への資金繰り支援や不良債権プール機能

この図表のなかで、特にデベロッパー、LGFV、地方性銀行等に対するカネの流れに注目してもらいたい。現在の中国では、政府（中央・地方）や国有銀行が、資金繰り支援や債務肩代わり等を通じて、債務返済能力に乏しい民間部門を支えていることがご理解いただけるだろう。

つまり、**民間部門が抱える債務リスクが、政府や国有銀行に社会的に移転されている**実態がある。日本を含めた資本主義経済の国で、政府等による補償もなしに、他の経済主体の巨大な債務リスクを引き受ける民間経済主体は基本的に存在しない。中国以外の国では、そもそもこうした社会的リスク移転自体起こりえないだろう。

では、中国にはなぜそれができるのか。

それは、中国の経済運営の仕組みが、日本を含む一般的な資本主義国とは構造的にまったく異なる

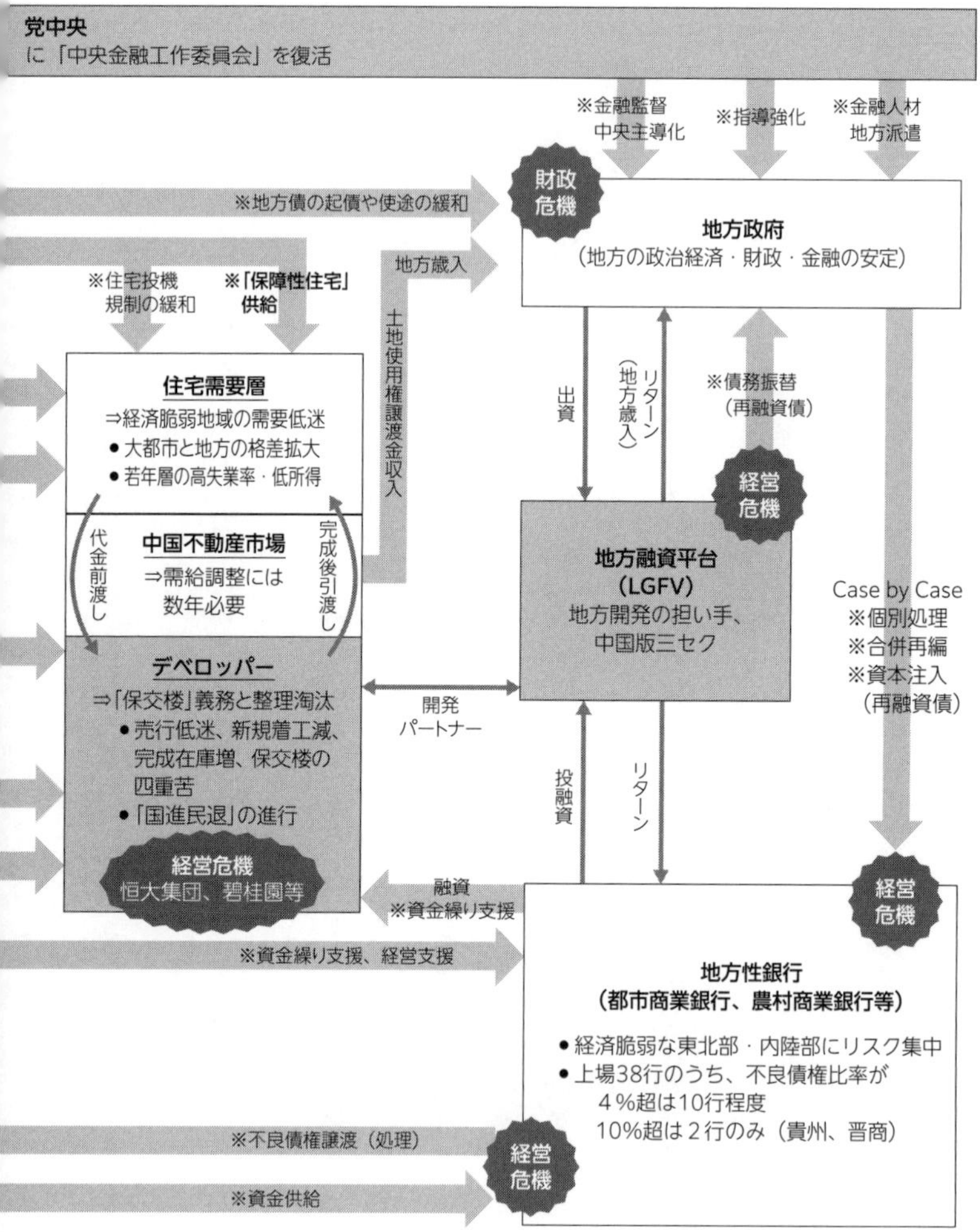
党中央
に「中央金融工作委員会」を復活
※金融監督
中央主導化
※指導強化
※金融人材
地方派遣
※地方債の起債や使途の緩和
財政
危機
地方政府
（地方の政治経済・財政・金融の安定）
地方歳入
※住宅投機
規制の緩和
※「保障性住宅」
供給
土地使用権譲渡金収入
出資
リターン
（地方歳入）
※債務振替
（再融資債）
住宅需要層
⇒経済脆弱地域の需要低迷
●大都市と地方の格差拡大
●若年層の高失業率・低所得
経営
危機
中国不動産市場
⇒需給調整には
数年必要
代金前渡し
完成後引渡し
地方融資平台
（LGFV）
地方開発の担い手、
中国版三セク
Case by Case
※個別処理
※合併再編
※資本注入
（再融資債）
デベロッパー
⇒「保交楼」義務と整理淘汰
●売行低迷、新規着工減、
完成在庫増、保交楼の
四重苦
●「国進民退」の進行
開発
パートナー
投融資
リターン
経営危機
恒大集団、碧桂園等
融資
※資金繰り支援
経営
危機
※資金繰り支援、経営支援
地方性銀行
（都市商業銀行、農村商業銀行等）
●経済脆弱な東北部・内陸部にリスク集中
●上場38行のうち、不良債権比率が
4％超は10行程度
10％超は２行のみ（貴州、晋商）
※不良債権譲渡（処理）
※資金供給
経営
危機

■図表7－1　中国不動産市場を巡る経済金融マンダラ図（全体構造）

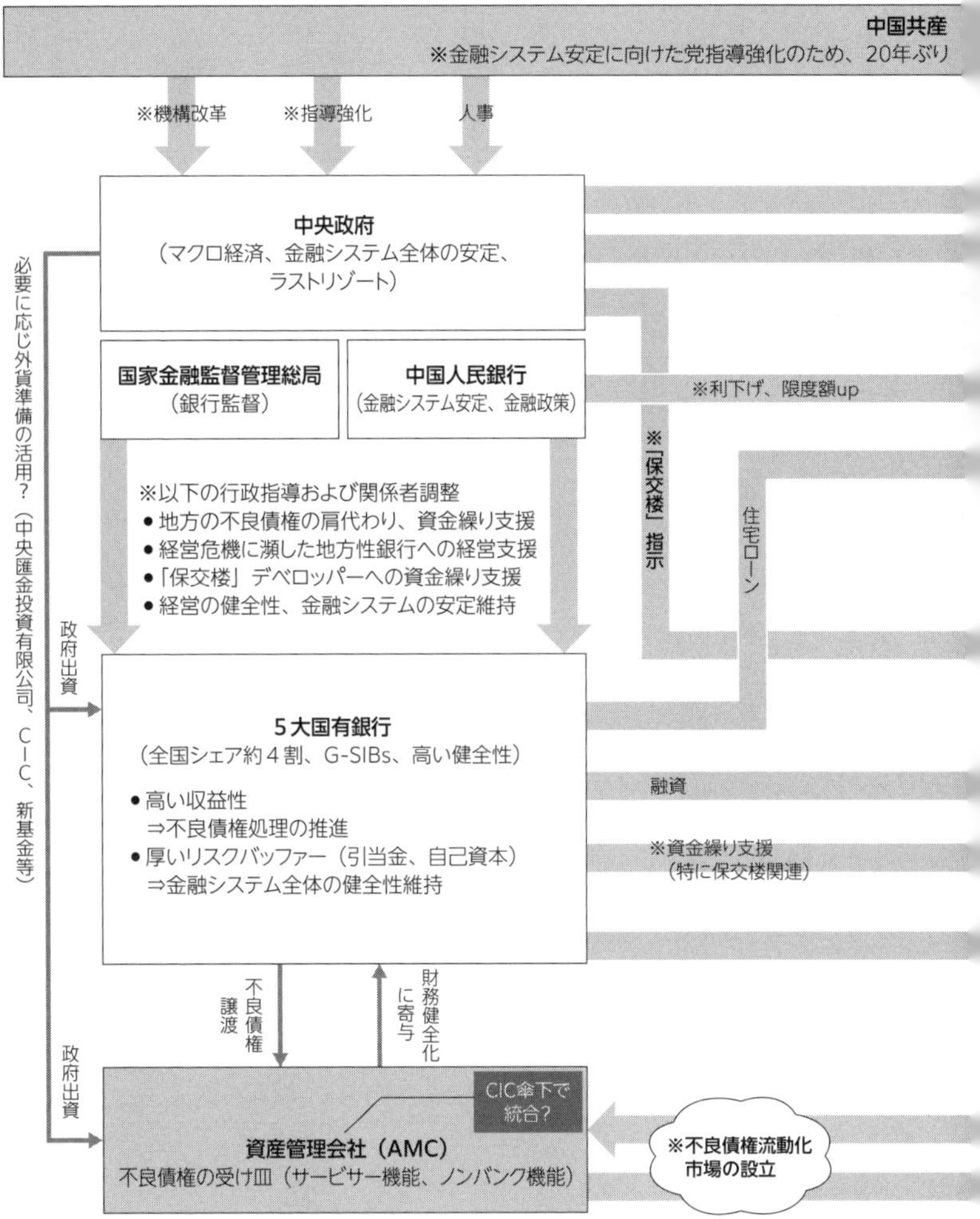

（注）※：不動産市場低迷や地方債務問題に関連して、金融システム安定のために実施されている措置
出典：筆者作成

ためだ。中国の憲法には、中国共産党の指導とその遵守に関する規定が存在する。党の指導を実践する統治機構として中央政府と地方政府があり、経済活動の中核を行う国有企業がある。

国有企業のうち最も重要な存在が大手国有銀行であり、中国経済全体への資金供給機能を担っている。党の統一的な方針のもとで経済政策が運営され、政府も国有企業もその実現に協力する義務を負う。

このような**国家主導のマクロ経済コントロール体制のもとで、政府・金融部門は、経済社会全体の安定を維持する観点から、政策的に社会的リスク移転を引き受けている**のが実態だ。

それでは、現在の経済政策に関する党の方針とは何か。

中国の場合、党の重要文書で最優先方針が明確に示されるため、実は非常にわかりやすい。

２０２３年12月の中央経済工作会議でも、次の３つが最重要課題とされているが、実にシンプルでクリアだ。

①不動産市場の安定化（特に「保交楼」の完了）
②地方債務リスクのコントロール（特に東北部・内陸部の地方政府の債務返済リスク）
③金融システムの安定確保（特に地方性銀行の経営危機対応）

つまり、「現在の中国のマクロ経済運営は、党の指導のもと、中央政府・地方政府・国有銀行等のあらゆる主要経済主体が、その存続可能性を維持できる範囲内において、各自にとっての経済合理性は一部犠牲にしてでも、党が示した社会目標の実現に向けて、最大限連携して支えあっている」のが実態である。

このように、**不動産や地方債務の巨大なリスクにもかかわらず、中国経済が崩壊していない最大の理由は、中国独特の国家経済運営の体制**にある。

最近では、日本を含む世界中のエコノミストが、中国経済を分析・解説するようになった。ただ、中国の経済運営の仕組みを十分理解していないまま、資本主義国の一般的な仕組みを前提に、中国経済のネガティブデータを取り上げて、表面的かつ機械的に批判する内容があまりに多いことは残念だ。

なお、筆者が中国経済の記事を読む際には、解説者が中国に居住経験があるかどうかを必ず確認している。中国経済の分析には、現地での体験に基づく肌感覚が不可欠と考えるからだ。

3 中国の「最後の砦」
――政府・金融部門に蓄積したリスクは結局どうするのか

不動産や地方債務の巨大なリスクにもかかわらず、中国経済が崩壊しない理由は、中国国内でリスクを耐性力の高い主体に移転することで、経済全体の円滑な運営を維持確保する独特な国家経済運営体制にある。

ただ、賢明な読者はお気づきと思うが、中国経済全体が抱える債務リスクの総和量は変わらない。中国がやっていることは、リスク耐性の大きい政府・金融部門に、リスク耐性の小さい民間部門の債務リスクを社会的に移転しているだけにすぎない。これで時間を稼ぎながら軟着陸を目指すシナリオだ。

つまり、**政府・金融部門が「最後の砦」（ラストリゾート）となっているのが実態**である。仮に、この**「最後の砦」が陥落してしまえば、中国経済は名実ともに崩壊の危機に直面する。**

そうした観点から、中国のリスク余力、政策余力や具体的な政策手法に焦点をあててみたい。

まずは、金融部門のリスクキャパシティをみてみよう。

日本の金融危機においては、バブル崩壊による不良債権の増大により、メガバンクを含む金融部門全体が著しく傷んでいたため、不良債権問題をどう終結させるかが最大の課題であった。

他方、**現在の中国のマクロ金融システムは、厚いリスクバッファーと積極的な不良債権処理により、自己資本比率や不良債権比率等からみれば、全体として健全な水準を維持している**（前掲の図表5－3）。

中国でそれが可能なのは、かつての金利規制のなごりもあり、現在でも比較的厚い利ザヤが確保できるためだ。利下げが続く中国だが、足もとの利ザヤ（1・7％程度）は日本の金融危機時（0・

5%程度）の3倍以上だ。

ただ、中国政府が最大株主の大手国有銀行とはいえ、資産規模で世界トップランクを占め、FSB（金融安定理事会）からはG-SIBsとして最も厳しい国際金融規制を課され、中国本土のみならず、香港やニューヨークにも上場（ADR）するグローバル企業でもある。

さすがの大手国有銀行も、国際金融規制、グローバル上場企業としての成長性や国際競争、民間株主との関係などを考えると、党・政府の要求に応じることには自ずと限界がある。

次に、中国政府のリスクキャパシティをみてみよう。

GDPで日本の4倍超もの経済大国になった現在でも、財政自体のリスク耐性は決して大きくない。意外かもしれないが、中国は元来、財政健全化に大変ストイックな国である。

毎年の財政赤字はGDP3%以内（EU同様）を原則としており、景気低迷が叫ばれる2024年の財政赤字目標についても、この原則を堅持した。

また、公的債務の水準についても、LGFV債務を含まない狭義の公的債務（中央・地方政府の債務）はGDP比で51%（2022年、G20中16位）に抑制している。見かけ上とはいえ、財政が健全であるとのアピールには非常に強いこだわりをもっている。

コロナ禍に地方政府が実施した緊急対応の費用すら、いまだに十分に補填されていないとの不満を多く聞く。表には出てこないが、中央政府の「渋ちん」ぶりは、中国国内でも大変評判が悪い。

増税も容易ではない。固定資産税の導入構想ですら15年以上もほとんど進捗していないのが現実だ。加えて、**地方政府の財政運営は、中央政府以上に非常に厳しい。**

1994年の分税制改革以来の構造的・慢性的な歳入不足に加え、地方債務は深刻な状況である。最近では不動産市場低迷で土地使用権譲渡金収入も減少し、大幅な歳入不足に陥っている（前掲の図表3－5）。地方債や借金で凌ごうとしても、中央政府のグリップは強く、財源調達の自由度は低い。職員の給与大幅カットにまで踏み込んでいる地方政府も多く、まさに地方財政は火の車だ。このように、最もリスク耐性が強いはずの政府・金融部門でも、一定の限界があるのが現実だ。

その意味では、地方政府に多くを期待するのはそもそも酷であろう。中国が本当に切羽詰まった場合には中央政府が自ら乗り出していくしかない。

しかし現時点においては、**比較的財務余力の大きい金融部門、とりわけ大手国有銀行のリスク対応余力をいかに維持していくかが、中国全体のマクロ経済運営上の最大のポイント**となってくる。

そこで、中央政府は、大手国有銀行のリスク対応能力の維持を支援するため、水面下で強力な政策的バックアップを行うとともに、万が一リスクが限界に達した場合の対応策を準備していると考えられる。

それが、①国有資産管理会社（AMC）の活用、②外貨準備の活用である。

(1) 国有資産管理会社（ＡＭＣ）の活用――巨大な不良債権ダムの実態

現在の中国は、不動産や地方債務に関する巨大なリスクを抱えながらも、債務の抜本的処理よりも資金繰り支援等を通じて、政府・金融部門に社会的にリスクを移転することで、全体の経済機能を維持している。

他方で、政府・金融部門のリスクキャパシティにも限界があり、財政状態を大幅に悪化させない前提では、比較的健全な大手国有銀行にリスクプール機能を最大限発揮してもらう必要がある。とはいえ、大手国有銀行も、国際金融規制のもと、グローバル金融機関として必要な財務の健全性は維持しなくてはならないし、中国全体の金融システムの安定性も絶対に死守しなくてはならない。党・政府からの事実上の指示とはいえ、抱えられる不良債権には一定の限界がある。そこで、銀行部門が抱える不良債権のリスクを大量に貯蔵できる巨大なダムが必要になる。

その不良債権ダム機能を果たしているのが、中国の国有資産管理会社（ＡＭＣ）である。日本では一部の中国経済専門家を除き、ＡＭＣはほとんど知られていない存在である。しかし、不動産市場の低迷と地方債務問題が深刻化するなかで、その存在価値が改めて重要になっている。

ＡＭＣは、アジア金融危機（１９９７年）後、中国が巨額の不良債権問題に苦しんだときに設立された。当時の４大国有銀行の不良債権比率（１９９７年末）は、公表ベースで25％超という深刻な状況だった。当時の中国政府は、特別国債まで発行して国有銀行に資本注入し、銀行の営業税率の引下げまで行ったが、不良債権問題は結局解決しなかった。

そこで1999年、4大国有銀行救済のための専門的な不良債権処理機関として、国有AMC4社（信達、東方、長城、華融）が設立された。中国政府が、各社100億元、合計400億元を出資した国有企業だ。

その後、AMCは不良債権サービサーの機能を果たし、4大国有銀行から「帳簿価格」での不良債権の買取りを行い、債権売却、DES、証券化等の手法により不良債権処理や回収を図った。

それから25年、現在では国有AMCは5社体制となっているが（図表7－2）、その機能は基本的に変わっていない。2007年以降は地方AMCの設立も相次ぎ、中国全土で63社（2020年9月末時点）にのぼっている。

AMCのなかには中国建設銀行の不良債権受け皿となってきた「信達資産」のような香港上場企業もあるが、ほとんどのAMCは未上場で、その全貌はなかなかみえにくい。

国有AMCや地方AMCは、金融セクターの不良債権の受け皿として、現在の中国のマクロ経済運営にとって極めて重要な役割を担っていると考えられる。仮にAMCがなければ、金融セクターや不動産セクターは不良債権をオフバランス化することができず、自らの財務の悪化を招き、事業継続や資金繰り支援は困難となるからだ。このため、中央政府もAMCを積極的に政策支援している。

■ 図表7－2　中国の国有資産管理会社（AMC）の概要

会社名	成立	上場状況	資本金（億元）	総資産規模（兆元）	関連性のある商業銀行等	主管部署	株主構成	財務諸表
信達資産	1999/4/19	香港上場（2013/12/12）	381.65	1.62	中国建設 国家開発	財政部	財政部55.09%	あり（2023/6）
東方資産	1999/10/27	未上場	682.43	0.64	中国	財政部	財政部71.6%	あり（2023/6）
華融資産（※現在は中国中信金融資産）	1999/11/1	香港上場（2015/10/30）	390.70	0.95	中国工商	財政部	中信集団26.46% 財政部24.76%	あり（2023/6）
長城資産	1999/11/2	未上場	431.50	1.25	中国農業	財政部	財政部73.52%	あり（2021年度）
銀河資産（建設中信資産より変更）	2020/3/5	未上場	109.86	−	華夏証券	国資委（国務院国有資産監督管理委員会）	財政部29.05%	なし

出典：上海清算機関、各社財務諸表、各種報道より作成

その1つの証左が、不動産関連の不良債権が最も多い中国工商銀行系の「華融資産」の救済劇だ。

華融資産は、保有する不良債権の多額の減損処理により、2020年決算で1000億元（約2兆円）超の赤字を計上し、中国の国有投資会社である中信集団（CITIC）と国有企業連合（信達資産、人寿保険）等から約1兆円の資本注入を受けて救済された。翌2021年には頼小民・元董事長が収賄で死刑となり、その後も混乱が続いたが、2023年11月に「中国中信金融資産」へと名前を変更し、事実上のCITIC傘下に入った。

この華融資産の救済は、事実上の国家救済に等しい。経済運営の維持や金融システ

ムの安定を確保するため、大手AMCを潰すわけにはいかなかったのだろう。

またAMCは、不動産会社への資金繰り支援の面でも重要な役割を果たしていると考えられる。

たとえば、中国人民銀行が昨年開始した不動産テコ入れ策「構造的金融政策手段」においても、AMCが不動産会社から不良化した不動産開発プロジェクトを買い取った場合、一定の条件のもとで、中国人民銀行が購入資金の50％を低利で再貸出する制度が導入されている。

これらのファクトから、AMCの現状と課題について次のことがいえよう。

- AMCは、金融機関や不動産企業の不良債権の受け皿として、不良債権リスクのダム機能や不動産企業への資金供給など、現在の中国の経済運営において不可欠な役割を果たしている
- このため、中央政府もAMCを積極的に支援している
- ただし、中央政府が出資する国有AMCですら、受け皿となった不良債権のロスで経営危機に陥る会社も出始めており、不良債権ダム機能の維持のためにはAMC自体の経営安定化も課題となっている

こうしたなか、2024年1月末に、国営通信社の新華社が、「金融機関改革の一環として、国有AMC3社（信達、東方、長城）をソブリンファンドの中国投資有限責任公司（CIC）に統合する計画がある」と報道した。

このニュースは翌日には削除されてしまったようだ。国営通信社では珍しいドタバタ劇であった。

ただ、ＡＭＣ自体の経営安定化が課題となっている現状からすれば、このような動きは不思議ではない。

ＡＭＣの不良債権ダム機能も、そろそろ限界がきている可能性がある。

(2) 外貨準備の活用――「奥の手」が再び発動される日はくるのか

中国は、ＡＭＣという巨大な不良債権ダムを経済運営に最大限活用し、金融システムを維持してきた。しかし足もとの動きをみると、実体経済の落込みが深刻化ないし長期化すれば、国有ＡＭＣですらも耐え切れなくなるリスクシナリオも否定できない。

万が一それが現実化したとき、中国は一体どうなるのだろうか。万策尽きるのだろうか――。

その答えは、中国が約20年前に実行した、他国ではとてもマネできない「奥の手」がヒントになる。それが、**外貨準備の活用**だ。

当時の状況を振り返ってみたい。前述のとおり、中国は、１９９７年のアジア通貨危機以降、長年の不良債権問題に苦しんだ。現在とは異なり、特に大手国有銀行の不良債権が深刻で、マクロ金融システム自体が危機に瀕していた。

中央政府は、当初の１９９８～１９９９年にかけて、次のような異例の対応で金融システムを守ろうとした。

■ 図表7－3　外貨準備を活用した4大国有銀行への資本注入の流れ

2003年12月に国務院（中央政府）が「中央匯金投資有限公司」（Central Huijin Investment Ltd.）を設立（財政部、中国人民銀行、国家外貨管理局が共同出資）

時期	対象銀行	措置の内容	主体	財源
2003/12	中国	資本注入225億ドル	中央匯金投資有限公司	外貨準備
2003/12	中国建設	資本注入225億ドル	中央匯金投資有限公司	外貨準備
2005/4	中国工商	資本注入150億ドル	中央匯金投資有限公司	外貨準備
2008/10	中国農業	資本注入190億ドル	中央匯金投資有限公司	外貨準備

（注）1　上記以外に同様の方式で、2004年6月に交通銀行（30億元）、2008年1月に政策性銀行である国家開発銀行（200億ドル）に資本注入が実施されている。
2　各銀行では、劣後債発行によるさらなる自己資本増強が実施されている。
出典：各種報道より作成

- 中央政府による特別国債発行とそれを財源とする資本注入
- 銀行に対する営業税率引下げ
- 国有AMCの設立と不良債権の買取り

それでもなお不良債権問題は解消せず、2002年末時点でも不良債権比率は25％と高止まりしていた。加えて、2001年のWTO加盟により、5年以内の銀行分野の外資開放も迫っていた。国有銀行の経営再建は急務であった。このような危機的な状況のなかで、中国が実行した奇策が「外貨準備の活用」であった。

2003～2008年に実行された外貨準備を活用した4大国有銀行への資本注入の流れを一覧表で示したのが図表7－3だ。外貨準備を活用した資本注入は、4大国有銀行だけで790億ドルと巨額である。

この奇策は、不良債権処理のみならず、その後の株式上場も見据えたファンド的発想で設計されていた（図表7－4）。

■ 図表7－4　外貨準備を活用した中国のソブリンファンドCIC（2008年設立）

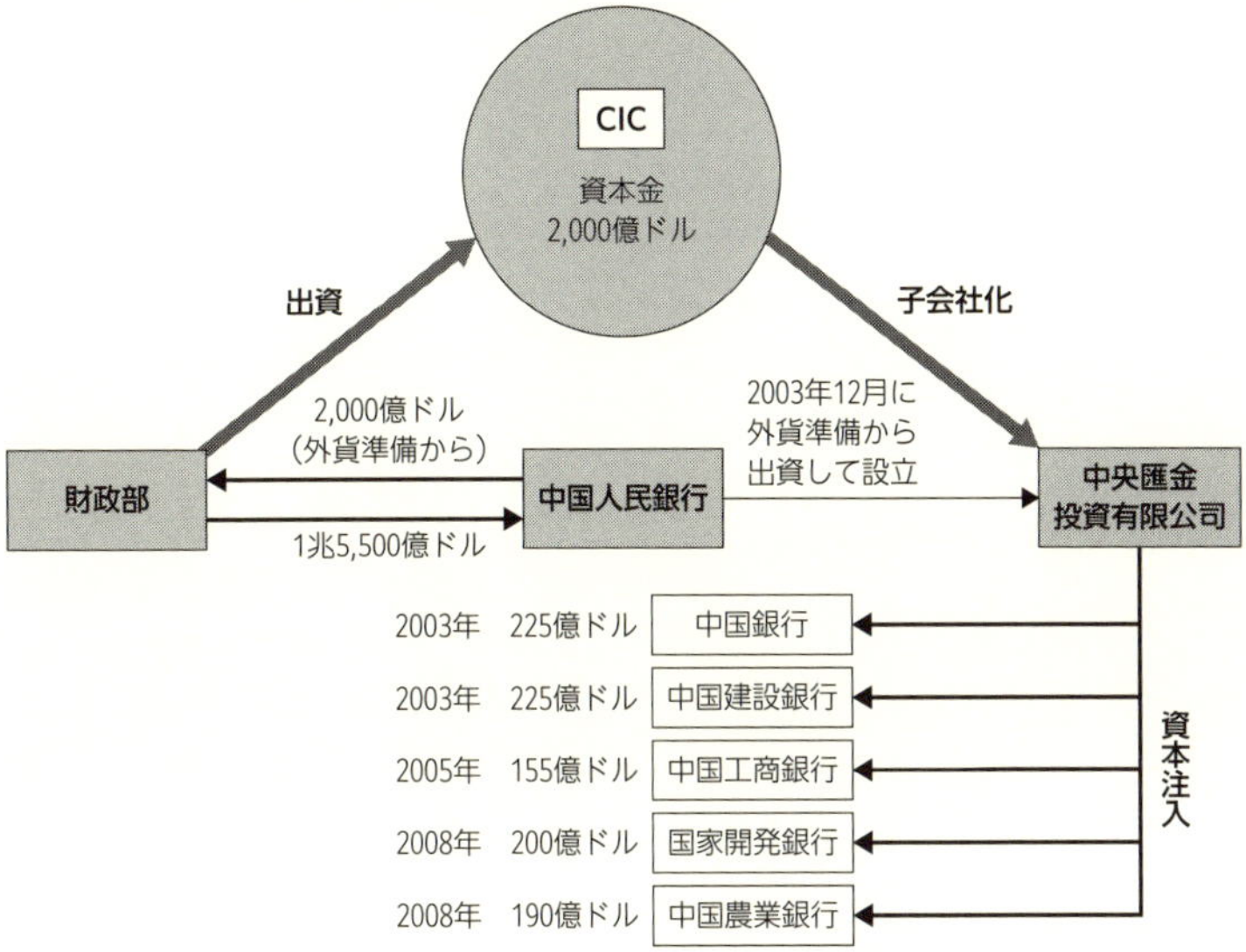

出典：筆者作成

次の3ステップで行われた戦略的手法だったといえる。

①不良債権処理と財務の健全化
②株式会社制への転換
③株式の上場

その後、「戦略的投資家」といわれる外資系金融機関の出資もさらに受け入れ、国有銀行は相次いで上場を実現していく。まさに**「国家的な事業再生ファンド投資」ともいえる壮大なスキーム**だった。

2005年以降、これらの金融機関は香港や上海市場で上場し、当時としてはグローバルでみても史上最大規模のIPO調達金額（約700億ドル）を実現した。

その結果、銀行の世界時価総額ランキングで、中国の国有銀行はトップクラスを独占するまでになった。

ちなみに、中央匯金投資有限公司の資産時価総額（2023年9月末時点の財務諸表上）は6・7兆元（約134兆円）で、国有銀行株を中心に保有しており、中央政府内に相当程度リザーブされている可能性は高いと考えられる。

また、2008年に設立されたソブリンファンド「中国投資有限責任公司」（CIC）は、もともと、外貨準備をもと（2000億ドル）とした国有投資会社であり、不良債権処理の政策ツールとして活用される可能性もある。

実際、前述のとおり、国有AMC3社をCIC傘下で統合する旨の現地報道も近頃出ている（ただし配信直後に削除）。

こうした外貨準備原資の既存国家機関に加え、それでも足りないとなれば、**3・3兆ドル（2023年末）という世界最大の外貨準備自体の活用も選択肢**に入ってくる（図表7－5）。

つまり、中国には、次のような外貨準備を活用した不良債権処理スキームの選択肢が残されている。

①国有銀行の株式上場益の活用（例：中央匯金投資有限公司等のリザーブの活用）
②CICの活用（例：国有AMCとの経営統合等）
③外貨準備を活用した新たな不良債権処理スキームの構築（例：金融安定保障基金の組成等）

■ 図表7－5　中国の外貨準備の推移

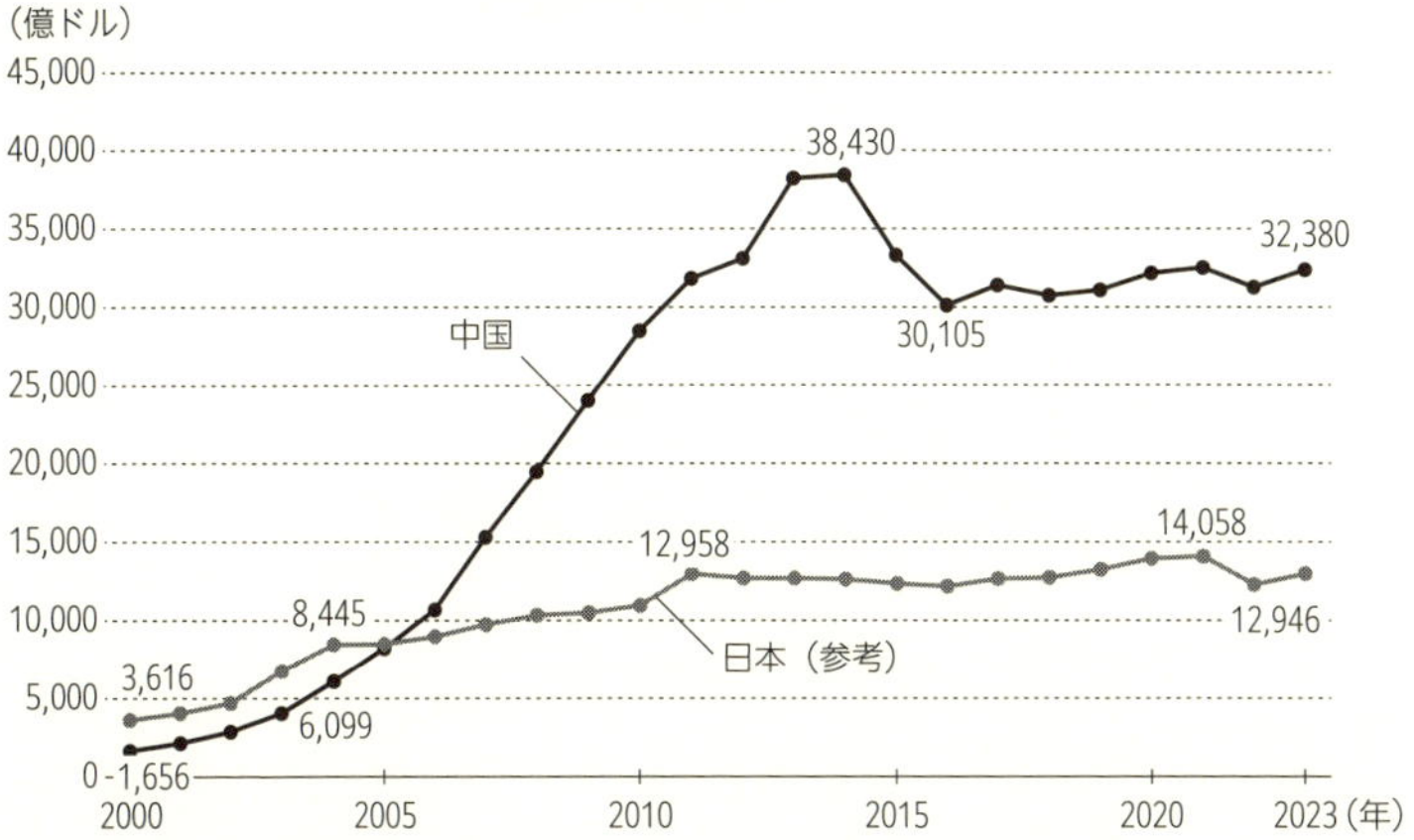

出典：国家統計局、財務省より作成

適否は別として、中国が歴史的にも外貨準備を「政策余力」として位置づけていることはまちがいない。

④ 中国経済は復活するのか

最後に、不動産市場をはじめ、中国経済の今後の見通しについて考察を締めくくりたい。

結論からいえば、「**中国経済は崩壊しないが当面は停滞が続く**」と筆者は考える。

筆者は、これまでの考察から、中国経済が「崩壊」するような事態は基本的にありえない、と考えている。不動産市場の調整と低迷は今後数年間続くだろうが、システミックな地方債務デフォルトや金融危機の発生といった事態は考えにくい。ただ、崩壊はしないものの、不動産市場低迷の影響は大き

■ 図表７－６　中国における大手国有銀行５行の財務状態
（現在とアジア金融危機後の比較）

項目	現在※1（2023年末）	アジア金融危機後※2（1998年～2000年代前半）
自己資本比率	17.35%	4.6%（1998年）
不良債権比率	1.27%	39%（1999年）
国際金融規制（バーゼルルール）	５行すべてがG-SIBsに指定（グローバル金融機関として規制）	なし（バーゼルⅠ導入は2004年）

※１　2023年末の自己資本・不良債権比率は中国郵政貯蓄銀行を含む６行の数値
※２　アジア金融危機後の自己資本・不良債権比率は交通銀行を除く４行の数値
出典：各種報道より作成

く、低成長のまま停滞が続くことが予想される。

確かに中国経済は、巨大な不動産リスク、地方債務リスク、金融リスク等の多くの難題を抱えている。ただ、これまでみてきた中国独特の国家経済運営の仕組みにより、幾重にもリスクバッファーを用意しながら、リスク耐性の強い政府・金融部門に債務リスクを移転・蓄積させて、何とかリスクを制御している現状だ。それでもなお制御が難しくなった場合には、中国の場合は外貨準備の活用という「奥の手」もある。

以上が、巷間よくいわれる「中国は最後何とかなる」の根拠だと筆者は考える。

他の国であれば、巨額の財政資金を用意するかどうかの判断となり、財政赤字、増税、インフレ、為替など、マクロ経済全般にわたり大きな影響が考えられ、政治的にも大きな犠牲が伴うだろう。

適否は別として、メインシナリオとしては、中国流のやり方で時間を稼ぎながら、中長期で経済状態の改善を図りつつ、最終的に軟着陸を目指す展開が予想される。

現在の経済状況を過去と比較すると、アジア金融危機後（1998年～2000年代前半）やチャイナショック前後（2014～2015年）に匹敵するほど、大きな困難に直面しているといえよう。経済政策をみても、政府・金融部門が躍起になってリスク制御に苦心していることは明らかだ。2024年に入ってからは、チャイナショック時のような露骨な株式市場へのPKO介入（株価維持政策）も実施されるようになった。

ただ、20年前との最大の違いは、大手国有銀行が傷んでいないことだ。この差は決定的に大きい。なぜならば、金融システムが健全であれば、資金供給機能も債務リスクのプール機能も維持可能だからだ（図表7－6）。

つまり、中国経済が軟着陸できるかどうかは、結局のところ、中国が政府・金融部門にリスクプールして時間稼ぎをしているうちに、肝心の不動産市場や実体経済がいつ回復するかにかかっている。

5 住宅需給対策では特に保障性住宅に注目

そこで、中国の不動産市場とマクロ経済について、現地の見方も織り交ぜながら考察してみたい。これまでの分析を通じて、中国不動産市場の現状と問題点は次のように整理できる。

■中国の不動産価格

大都市は比較的安定している一方、中小地方都市が厳しい。東北部・内陸部にリスクが集中している。

■デベロッパーの四重苦

①売行低迷、②新規着工減、③在庫増、④「保交楼」政策の義務履行がデベロッパーの経営を圧迫している。

■需要の低迷

①若年層の雇用・所得環境の悪化、②不動産需要喚起策の力不足、③購入タイミングの様子見が影響している（注：住宅一次取得層の現在30歳前後の人口は約3億人と比較的ボリュームは大きい）。

住宅市場の回復には、前述の問題点が解消され、供給調整と需要増により需給がバランスする必要がある。その際、都市間に大きなバラつきがあることをよく理解し、過度に「中国」を単一視しないことが重要だ。

中国現地の一般的見方は、不動産市場の回復には少なくとも2～3年かかり、2026～2027年頃に底打ちというものだ（図表7－7）。

2024年3月5日に始まった全人代で公表された「政府活動報告2024」においては、不動産

■ 図表7－7　関係者による今後の見通し

■IMFレポート「中国の不動産部門：中期的な成長鈍化を管理する」（2024年2月）
- マクロデータに基づくモデル推計により、今後の長期見通しを示している
- 「平均シナリオ」でも、2021年＝100として、2022年が80程度、2026～2027年に50近辺で底打ちし、2034年でも60程度の回復との見立てで、「長期低迷が続く」と結論づけている

■日経新聞「中国　住宅在庫消化10年も」（2024年2月20日）
- 中国・易居研究院による「消化月数」（＝住宅在庫面積／足もとの成約住宅面積）を紹介
- 北京や上海といった1線都市は約17カ月、3線の地方中小都市では約30カ月
- 全土ワーストの広東省韶関市は131カ月（10年11カ月）

■高善文氏（中国の著名エコノミスト、中国金融40人論壇（CF40）メンバー）
- 日本やアメリカの過去の経験では、不動産バブル崩壊から経済が回復するには通常5年以上かかる
- 中国の場合、2022年から起算して、経済正常化には少なくとも2027年まではかかるだろう

出典：各種報道より作成

リスクについては、地方債務リスク、中小金融機関リスクと並んで、「対症療法と原因療法を同時に行っていく」とされた。

しかし、国務院総理の記者会見も開催されない有様で、具体的対応について特段新しい情報はなかった。

中国政府も、2023年の夏以降、不動産市場対策を本格的に開始している。党中央の政治文書からも、「住宅は住むためのもので、投機の対象ではない」という表現が削除された。

目玉政策は、「認房不認貸」といわれる住宅ローン規制緩和だった。

従来1軒目の住宅購入に限定されていた住宅ローン優遇策を、地方政府が定める条件により、2軒目以降の住宅購入にも適用する政策だ。特に不動産が不振な地方都市は、購入目的や購入軒数にかかわらず、全面的な緩和を行った（図表7－8）。

■図表7－8　「認房不認貸」を実施した都市名（2023年8～9月）

都市級区分	「認房不認貸」を実施した都市名
1線都市（4都市）	北京、上海、広州、深圳
2線都市（6都市）	重慶、厦門、成都、鄭州、南寧、海口
3線都市（3都市）	漳州（福建省）、韶関（広東省）、瀘州（四川省）

出典：各種報道より作成

また、税制上の支援措置もいくつか打ち出されており、そのなかでも「公共賃貸住宅税制優遇政策」に注目したい。都市土地使用税、印紙税、固定資産税等の減免に加え、「企業が中古物件を公共賃貸住宅として譲渡する場合」の税制優遇も盛り込まれている。

ただ残念ながら、これらの政策効果は不十分といわざるをえない。

そこで、執筆時の足もと（２０２４年）でも次のような追加テコ入れ策が繰り出されている。

■政策金利（最優遇貸出金利、ＬＰＲ）の利下げ（2024年2月20日公表）

住宅ローン金利の目安となる5年物金利：4・2％↓3・95％（▲0・25％）。様子見層を含む潜在的な住宅需要の喚起を目指す。

■低所得者向け「保障性住宅」の整備推進

住宅難問題を解決するため、低所得の都市移住者や若者等を対象に、小規模住宅（70㎡以下）を低廉な家賃で提供する「保障性住宅」の整備を強化。保障性住宅への転用等による住宅在庫の解消促進、新規着工の拡大。

■保障性賃貸住宅REITの導入
民間資金による保障性賃貸住宅の整備促進。財源難に苦しむ地方政府に代わり、民間資金による保障性住宅の整備を促進。

■「城中村」改造、平時・緊急時両用の公共インフラ整備
都市のなかで立ち遅れた地域の再開発、災害拠点にも転用できる公共施設の整備。公共需要による不動産市場やデベロッパー業界の下支え。

さらに2024年5月には、国務院から、地方政府による既存住宅の買取りを5000億元（約10兆円）規模で行うことも公表された。

このなかでも、特に政策効果を期待したいのが「**保障性住宅**」だ。「保障性住宅」とは、中・低所得者層向けに、限定された基準・価格、家賃で政府が提供する住宅を指す。日本でいえば公共住宅のイメージだが、低廉な家賃の賃貸タイプのみならず、低価格の分譲型も含まれる。

保障性住宅政策は2011年から本格的にスタートしたが、当初は地方政府が財政資金で対応してきた。民生政策の性格が強かったが、現在は不動産市場対策の政策手段に位置づけが変化してきた。

現在では、財政資金だけではインパクト不足ということで、銀行融資やインフラ公募REITスキームの活用など、国内資金を最大限活用する方針が打ち出されている。保障性住宅向け事業融資の

■ 図表7－9　保障性住宅向け事業融資残高と割合

（単位：兆元）

	2016年	2017年	2018年	2019年	2020年	2021年	2022年	2023年6-9月（全体に占める割合）
大型国有銀行	0.27	0.44	0.77	1.07	1.1	1.07	1.11	1.35（57%）
株式制銀行	0.19	0.28	0.43	0.47	0.51	0.53	0.56	0.57（24%）
都市商業銀行	0.10	0.15	0.25	0.29	0.3	0.3	0.33	0.34（14%）
農村商業銀行（農商銀行）	0.04	0.04	0.06	0.07	0.07	0.08	0.09	0.09（4%）
外資銀行	0.0013	0.0016	0.0017	0.0022	0.0015	0.0008	0.0004	0.0003（0.013%）
合計	0.61	0.92	1.51	1.91	1.98	1.98	2.09	2.35（100%）

出典：中国・国家金融監督管理総局公表データより筆者作成

残高も伸びている（図表7－9）。

また、REITスキームを通じ、保険会社や証券会社等から調達した資金も1000億元（約2兆円）近くに達している。まさに、国内金融機関を総動員して、保障性住宅への投資を推進し、不動産市場を下支えしている構図だ。

保障性住宅の政策的インパクトについては、評価が分かれるが、一定の効果は期待できると考えている。なぜなら、中国における住宅市場の需要の担い手は、今後、若年層や中低所得層になっていくと考えられるためだ。実際、分譲型の「保障性住宅」が新築住宅成約に占める割合は、2023年時点で主要25都市で既に2割近い割合で、人気エリアである上海市や徐州市など沿海部5都市では4割前後に達している。これらの地域では新築販売の押上効果も実際に認められており、現地では、2025年には中国全土で2割を突破するとの見方もある。

6 住宅市場の成長ポテンシャルと2027年の次期党大会

中国には、依然として巨大な潜在的住宅需要が残存している。

中国における中低所得者は2020年時点で約6億人（うち都市部約2・7億人）存在している。保障性住宅を含めた潜在的な住宅需要は、いまだに巨大であると考えられる。

都市化についても、この10年程度で政策的に推進が図られてきたとはいえ、都市化率はいまだ7割程度の水準であり、日本やアメリカが8〜9割程度であることを考えると、当分の間はなお成長余地が残っていると考えられる（図表7－10）。

さらに、少子高齢化は長期的には重要な問題だが、現在の住宅一次取得層（30歳前後。男女平均結婚年齢28・67歳）は、大躍進政策後のベビーブームジュニア世代でもあり、相応の人口ボリュームもある（前掲の図表2－5）。

他方、**中国不動産市場の供給サイドは、大量の住宅在庫等も踏まえると、少なくとも2〜3年間の**

■ 図表７－10　中国の都市化率（国際比較）

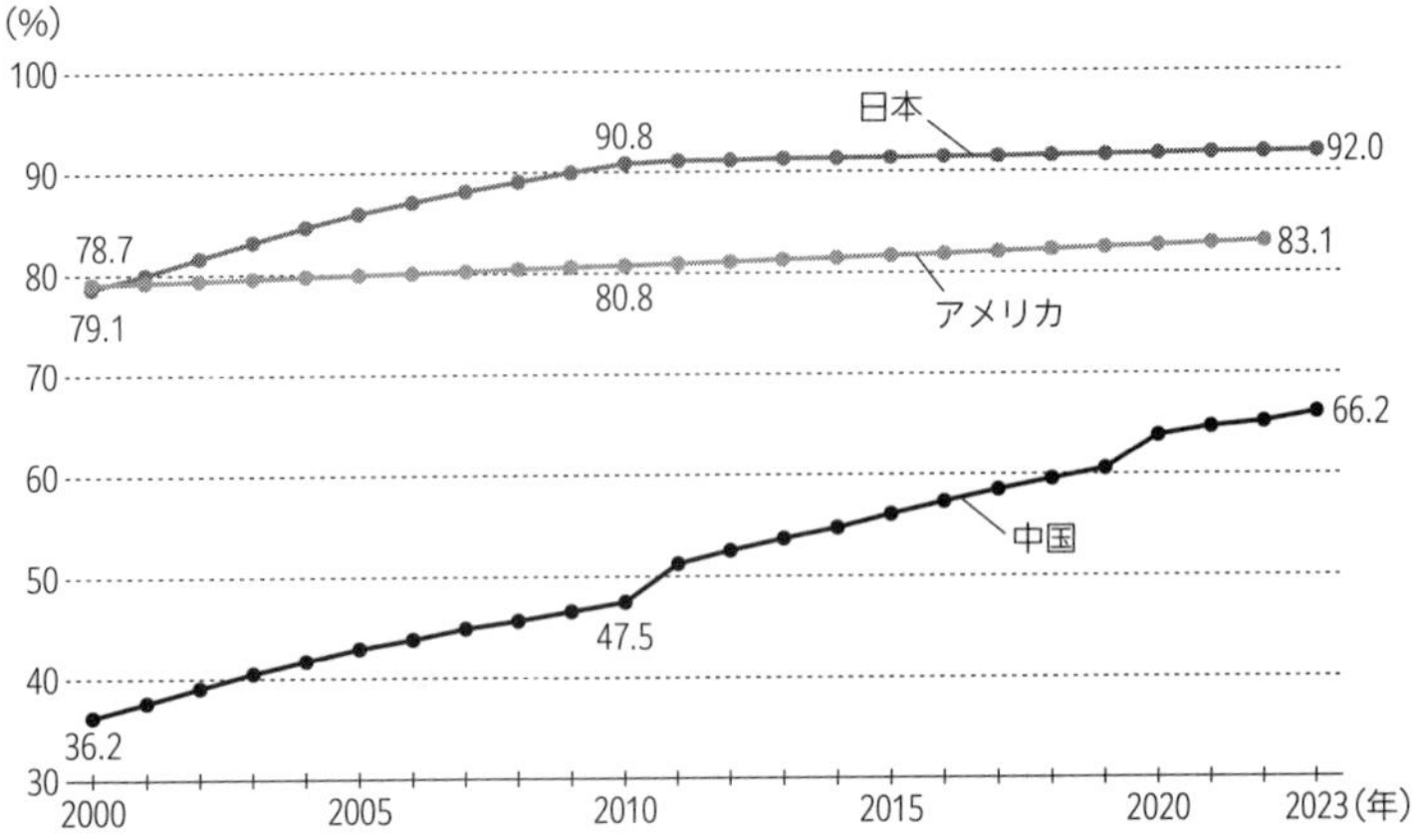

出典：世界銀行より作成

■ 図表７－11　城投債残高（満期ベース）見込み

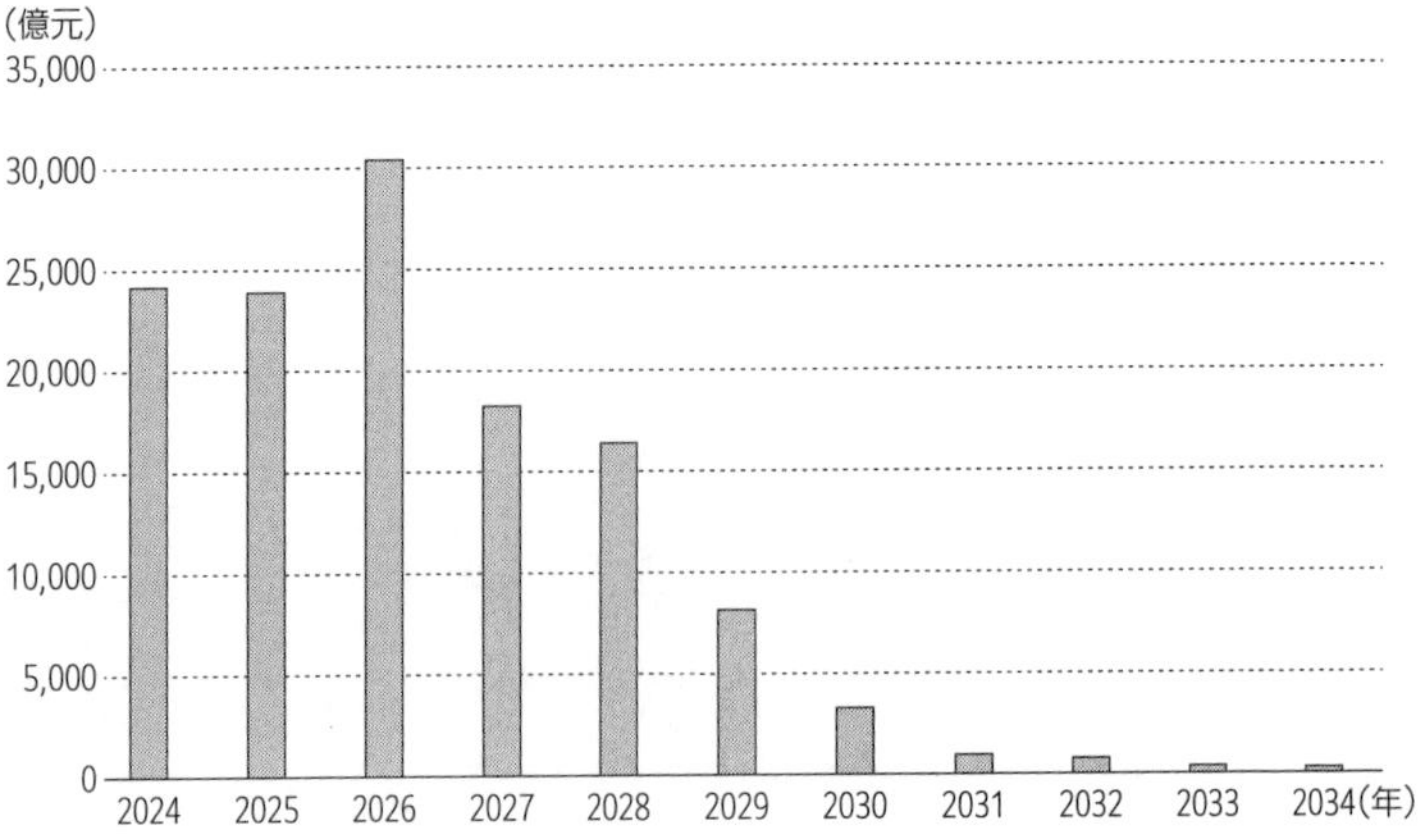

出典：世界銀行、国家統計局、中国財政部より作成

調整が必要だ。ただ、政府・金融部門が不動産リスクのダム機能を果たすことで、もちこたえるだけのリスク耐性は有している。

需給両面での調整が期待どおり進めば、2026年以降の不動産市場の正常化は決して無理なシナリオではない。

さらに地方債務問題の解決についても、地方政府やLGFVが不動産開発プロジェクトの資金調達のために発行した「城投債」の償還のピークアウトは2026年と見込まれ、不動産市場の回復見込みともタイミング的に一致する（図表7-11）。2027年秋には次の党大会がある。習近平4期目がどうなるかが焦点だ。

現在でも中国のマクロ経済運営は、計画経済を基礎として、目標の達成に向けて必要な政策が展開される。政策当局者は、次期党大会のタイミングを意識して逆算的に課題解決を目指した政策展開を行っていくだろう。

その意味で、中国経済が2026〜2027年頃に期待どおりの経済回復を実現できるかに注目していきたい。

おわりに

「中国経済をバイアスなく客観的にみる」

本書の出版は、こうした基本姿勢のもと、共著者である柴田聡と塩島晋の2人が、金融庁で中国経済・金融分析のコンビを組んだ縁で実現したものだ。2人は、約3年間にわたり、苦楽をともにした師匠と弟子のような関係である。

コロナ禍の2021年4月、塩島は野村證券から金融庁に出向し、中国金融専門調査員に就任した。塩島は、父親の仕事の関係で幼少期から中国で長年生活し、上海の名門・復旦大学を卒業して野村證券に入社した経歴をもつ。その卓越した語学力と経済専門知識を活かし、現地情報も駆使した深度ある中国経済分析を実現できるスキルを有していた。当時金融庁で中国カントリーディレクターを務めていた柴田は、この優秀な若者との共同研究に夢を膨らませた。

しかし、わずか3カ月後、柴田は財務省中国財務局長として広島に転勤となり、塩島とは物理的に離れ離れとなってしまった。唯一のコミュニケーション機会は、週1回の金融庁中国担当定期ミーティング。コロナ禍でオンライン会議には慣れたものの、リアルで議論ができない環境は、やはり何か物足りない。

塩島の優れた才能を、中国金融研究に最大限活かせないものか。そこで、柴田は毎月「コラム」を書くことにした。塩島の調査分析に基づき、柴田がそれに背景や政策効果等に関する考察を加えるスタイルを試行錯誤で確立していった。

もともと馬が合ったのだろう。コラム作成を重ねるうち、徐々に東京と広島の物理的距離は克服され、阿吽の呼吸までできてきた。半年も経つと、完成度の高い共同分析まで可能となり、気づけば2人は年齢差を超えて同志となっていた。

1年間の広島勤務を経て、柴田は東京に戻ったが、次は役所から現在の大手町にある職場（地域経済活性化支援機構）に出向となった。金融庁研究参事を兼務して中国の研究を続けることになったが、同じ東京の大手町と霞が関とはいえ、2人は引き続き物理的に離れたまま共同研究を続けるしかなかった。逆境のなか、本当にありがたいことに、塩島は任期を1年延長してまで柴田を支え続けてくれた。

塩島の出向期限が残り半年に迫ってきた2023年夏。この奇跡のような縁に感謝し、2人でなければ不可能な仕事をしたいと思った。折しも、恒大集団など大手デベロッパーのデフォルト、中国不動産市場の低迷、地方債務問題、不良債権問題など、中国経済は未曽有の複雑骨折の困難に直面していた。日本国内では、中国のバブル崩壊や日本化など、厳しい見方が連日喧伝されていた。しかし、自らの目で中国を長年みてきた2人にとっては、こうした中国への見方は何か釈然としないものがあった。本当にそうであれば、中国経済はとっくに崩壊しているはずである。しかし、現実にはそうなっていない。

そこで2人は、**中国不動産市場の実態と、それを取り巻く中国経済の全体像の解明という野心的な試み**を始めた。中国の経済運営体制や財政金融システムも含めた総合的な考察を目指し、「なぜ中国経済は崩壊しないのか」という世間一般の見方とは逆説的な命題に挑んだ。2人は半年以上かけて、中国不動産市場と経済構造の関係を多面的かつ総合的に考察した。

その過程で、**中国経済全体の運営メカニズム**が徐々に明らかになってきた。辿り着いたのは、**日本を含めた資本主義国では困難な、極めて独特な中国の経済の仕組み**だった。本書では、その研究成果を余すことなく解説している。

今回の分析では、経済政策のポリシーメイカーの視点を重要視した。柴田は、金融庁において、金融再生プログラムの策定、足利銀行の国有化、地方銀行の再編統合などを経験してきた。日本の金融危機とその対応に関する経験と教訓も活かし、塩島の現地情報を駆使した調査結果とコラボさせることで、日本と中国の違いについても浮き彫りにできた。

共同研究の過程では、北京駐在時代からご指導をいただいている、宮本雄二・元駐中国日本国大使、中尾武彦・住友商事顧問／国際経済戦略センター理事長、露口洋介・帝京大学教授、関根栄一・野村資本市場研究所北京事務所首席代表、福本智之・大阪経済大学教授ほか、多くのお世話になっている専門家の先生方から貴重なアドバイスやコメントも頂戴した。

やや手前味噌だが、本書は他に比類のない中国経済論に仕上がっていると思う。柴田と塩島の3年間にわたる共同研究の成果が詰まった1冊であり、中国経済に関心をもつ多くの方々に手にとっていただければ幸甚である。

本書は、柴田にとっては和書4冊目、塩島にとってははじめての出版となる。若き中国経済研究者である塩島を世に出す機会をいただけたことは誠に幸運であった。

かなり専門的でマニアックな内容にもかかわらず、貴重な出版機会を与えてくださった一般社団法人金融財政事情研究会の関係者の皆さま、とりわけ担当していただいた同会出版部副部長の江口珠里亜さん、江口さんをご紹介いただいた同社元専務理事の小田徹さん（現一般社団法人 Fintech 協会事務局長／東邦銀行社外取締役）に御礼を申し上げたい。

また、3年間にわたる2人の共同研究を支えてくださった、金融庁、財務省、中華圏の在外公館の同僚の皆さま、野村證券および野村資本市場研究所の皆さまには、衷心より感謝申し上げたい。
そして何より、長年の中国研究をいつも傍らで応援してきてくれた家族には、いい表せないほどの感謝しかない。柴田からは妻の佳美に、塩島からは父の正、亡き母の阿矢子に、万感の思いを込めて「おかげさま、ありがとう」と伝えたい。

最後になるが、日本にとって、巨大な隣国である中国といかに向きあい、どう付き合っていくか、というのは永続的に続くテーマだ。好き嫌いはともかく、目を閉じても中国が消えるわけではない。**日本の国益のため、対中リスクを最小化して、その経済パワーを日本経済の成長に健全に取り込んでいくためには、中国を的確に分析研究し、その実態を正確に把握することがすべての基礎となる。**
本書がその一助になることを願ってやまない。

東京・大手町にて

柴田 聡
塩島 晋

■ 著者略歴 ■

柴田 聡（しばた さとる）

金融庁 研究参事（中国金融）、（株）地域経済活性化支援機構 常務取締役、広島大学 客員教授

1969年岩手県葛巻町生まれ。1992年東京大学経済学部卒、大蔵省（現財務省）入省。1996年米スタンフォード大学修士（国際開発政策）。

金融庁監督局課長補佐、財務省主計局主査などを経て、2008～2012年在中国日本国大使館経済部参事官として北京に４年間駐在。その後、内閣官房参事官、金融庁監督局銀行第二課長などを経て、2017年から金融庁総合政策局参事官（国際担当）として日中金融協力の実務責任者を務める。中国との金融分野における首脳合意を二度（2011年および2018年）実現。2019年金融庁総合政策局総務課長、2021年財務省中国財務局長。2022年６月から現職。

塩島 晋（しおじま すすむ）

（株）野村資本市場研究所 副主任研究員

2008年６月上海復旦大学語言文化学科卒業。2008年10月野村證券（株）入社、決済部、リサーチ・サポート部を経て、2018年４月（株）野村資本市場研究所研究部。2021年４月金融庁総合政策局総務課国際室に出向し、中国金融専門調査員を務める。2024年４月から現職。

1985年大阪府生まれ。父親の仕事の関係で幼少期から大学まで18年間、中国で生活。中国の現地情報を駆使した中国資本市場分析が専門。

KINZAIバリュー叢書
中国経済はなぜ崩壊しないのか
――不動産市場と財政金融システム

2024年11月8日　第1刷発行

著　者　柴　田　　聡
　　　　塩　島　　晋
発行者　加　藤　一　浩

〒160-8519　東京都新宿区南元町19
発　行　所　一般社団法人 金融財政事情研究会
出　版　部　TEL 03(3355)2251　FAX 03(3357)7416
販売受付　TEL 03(3358)2891　FAX 03(3358)0037
URL https://www.kinzai.jp/

DTP:有限会社マーリンクレイン／印刷:株式会社光邦

ISBN978-4-322-14482-6